한 권으로 빠르게 끝내는

세계사
익스프레스

일러두기

- 맞춤법과 외래어 표기는 국립국어원의 용례를 따랐다. 다만 국내에서 이미 굳어진 인명과 지명, 용어의 경우에는 익숙한 표기를 썼다.
- 중국어 표기는 국립국어원의 용례를 따랐으나, 신해혁명(1911년)을 기준으로 그 이전은 한자음 표기, 그 이후는 중국어 발음 표기를 원칙으로 했다.
- 도서는 《 》, 잡지, 신문 등의 간행물과 영화, 드라마의 작품명은 〈 〉로 표기했다.

WORLD HISTORY EXPRESS

김영석(써에이스쇼) 지음 | 김봉중 감수

한 권으로 빠르게 끝내는

세계사
익스프레스

In the second century of the Christian Era, the empire of Rome comprehended the fairest part of the earth, and the most civilized portion of d. The frontiers of that extensive monarchy were guarded by ancient and disciplined valor. The gentle but powerful influence of laws and s had gradually cemented the union of the provinces. Their peaceful inhabitants enjoyed and abused the advantages of wealth and luxury. The image of a free constitution was preserved with decent e: the Roman senate appeared to possess the sovereign authority, an d on the emperors all the executive powers of government. During a riod of more than fourscore ars, the public administration was conducted by the virtue and abilities Nerva, Trajan, Hadrian, and the two Antonines. It is the design of th nd of the two succeeding chapters, to the prosperous cond f their empire; and afterwards, from

빅피시
BIG FISH

복잡한 세계사 10분 만에 읽는 법

매일 뉴스에서는 전쟁, 무역 수지, 국제 정책을 비롯한 전 세계의 다양한 소식이 전해집니다. 미국 달러 환율에 따라 국내 경제도 영향을 받고, 지구 반대편에서 일어난 전쟁이 다음 날 증시에 반영되기도 하죠. 이처럼 세계 각지에서 벌어지는 사건은 우리의 일상과 떼려야 뗄 수 없습니다. 그렇기에 세계사를 알면 지금 내가 살고 있는 현실 문제를 이해하는 데 결정적 도움을 받을 수 있죠.

저는 어렸을 때부터 역사를 좋아했습니다. 역사를 좋아했던 이유는 그저 재미만으로는 설명되지 않습니다. 지금 읽는 이 재미있는 이야기가 까마득히 먼 옛날에 실제로 있었고, 앞으로의 미래까지 영향을 미칠 사건임을 생각하면 가슴 한편이 웅장해졌습니다. 하지만 모두가 저만큼 역사를 좋아하지 않는다는 것을 깨달았습니다. 아마도 방대한 분량 탓에 어디서부터 시작해야 할지 막막한 것이 그 이유이겠죠. 하지만 이런 이유로 역사를 모른 채 살아간다면 놓치는 것이 너무나도 많습니다.

역사는 단순히 과거를 이해하는 것을 넘어, 현재를 살아가는 데 도움이 되는 많은 메시지를 담고 있습니다. 프랑스대혁명의 성공 이후 다시 왕정으로 되돌아가는 장면에서는 인류사가 언제나 진보하는 것은 아니라는 교훈을 얻기도 하고, 붕괴된 베를린장벽에서는 자유를 향한 인류의 끝없는 열망을 이해할 수 있게 됩니다. 그런데 역사의 바다는 너무 넓어서 어디서부터 시작해야 할지 막막할 때가 많습니다.《세계사 익스프레스》는 이런 분들을 위한 6,000년 역사를 한 권으로 압축해 읽을 수 있는 최적의 안내서입니다.

이 책은 크게 두 개의 파트로 구성돼 있습니다. 먼저 첫 번째 파트에서는 세계사의 주요 사건을 속도감 있게 '몰아보기' 할 수 있게 구성했습니다. 세계 역사를 고대, 중세, 근세와 근대, 현대로 나누어 각 시대의 결정적인 사건들만 쏙쏙 골라서 소개했습니다. 이 파트를 통해 역사를 단숨에 읽음으로써, 큰 틀에서 맥락을 이해할 수 있습니다.

두 번째 파트는 오늘날 복잡한 국제 정세를 이해하는 데 필수적으로 알아야 하는 강대국의 주요 역사를 깊게 읽는 파트입니다. 첫 번째 파트가 세계사의 큰 맥락을 잡는 입문 과정이라면, 두 번째 파트는 심화 과정이라고 볼 수 있습니다. 미국은 어떻게 세계 초강대국으로 거듭날 수 있었는지, 러시아가 가장 넓은 땅을 가지게 된 배경은 무엇인지, 이스라엘과 팔레스타인 사이에 갈등이 끊이지 않는 이유까지, 현대 사회에도 대두되는 굵직한 사건을 다뤘습니다. 두 번째 파트를 읽다 보면 세계 각국의 역사가 서로 긴밀한 영향을 주는 하나의 흐름이라는 것을 깨달을 수 있습니다.

이 책의 가장 큰 장점은 재미와 속도입니다. 복잡하고 어려운 사건도 최대한 쉽고 재미있게 전달하려고 노력했습니다. 또한 각 파트의 시작 부분에서 연표와 지도를 배치해 독자의 이해를 도왔습니다. 옛날이야기를 듣듯 이 책을 술술 읽다 보면, 어느새 전체적인 세계사의 흐름이 저절로 머릿속에 입력될 것입니다.

마지막으로 이 책이 나오기까지 많은 분들의 도움이 있었습니다. 먼저 이 모든 것을 주관하시는 하나님께 감사드립니다. 더불어 부족한 저를 챙기느라 고생이 많은 제 가족과 아내에게 사랑한다고 전하고 싶습니다. 이 책을 제안해 주시고 많은 정성을 들여 만들어주신 빅피시 출판사 관계자 여러분, 꼼꼼하게 감수를 맡아주신 김봉중 교수님, 그리고 써에이스쇼 유튜브 채널 구독자분들께도 감사 인사를 드립니다.

역사는 그 자체로 훌륭한 하나의 메시지입니다. 이 책에 기록된 사건들이 누군가의 머릿속에서 나온 상상 속의 이야기가 아니라 실제 있었던 이야기라는 점을 생각하며 한 자 한 자 읽어 내려가다 보면, 페이지를 넘길 때마다 벅차오르는 감동을 충분히 느낄 것입니다. 누군가가 이 책을 읽고 역사의 재미에 빠져든다면 더 바랄 것이 없습니다. 《세계사 익스프레스》를 읽는 독자 모두, 이 책을 통해 세계사의 매력에 눈뜰 수 있기를 간절히 기원합니다.

목차

PART 1
결정적 장면으로 단숨에 읽기

고대 4대 문명의 탄생부터 예수의 죽음까지

PART 2
결정적 지역으로 깊게 읽기

PART 1

결정적 장면으로 단숨에 읽기

In the second century of the Christian Era, the empire of Rome comprehended the fairest part of the earth, and the most civilized portion of mankind. The frontiers of that extensive monarchy were guarded by ancient renown and disciplined valor. The gentle but powerful influence of laws and manners had gradually cemented the union of the provinces. Their peaceful inhabitants enjoyed and abused the advantages of wealth and luxury. The image of a free constitution was preserved with decent reverence: the Roman senate appeared to possess the sovereign authority, and devolved on the emperors all the executive powers of government. During a happy period of more than fourscore years, the public administration was conducted by the virtue and abilities of Nerva, Trajan, Hadrian, and the two Antonines. It is the design of this, and of the two succeeding chapters, to describe the prosperous condition of their empire; and afterwards, from the death

Ancient Times
고대 주요 사건 연표

기원전 1250년경
트로이전쟁

19세기 후반 독일의 하인리히
슐리만이 1870년, 튀르키예
아나톨리아 북서부에서
트로이 유적지를 찾아내며
트로이전쟁은 신화가 아닌
역사가 되었습니다.

기원전 2500년경
기자 피라미드 건립

기자의 피라미드의 높이는 약
146.5미터로, 1311년에 링컨
대성당이 세워지기 전까지
약 3,800년간 세계에서 가장
높은 건축물이었습니다.

기원전 4000년경
수메르문명 탄생

수메르문명은 세계에서 가장
오래된 문명으로 여겨지며,
기원전 4000년부터 기원전
2000년까지 번성했습니다.

기원전 1000년경
이스라엘왕국 건국

이스라엘왕국의 존재가
최초로 확인되는 기록은
기원전 1209년 무렵,
고대이집트에서 만든
메르넵타 석비에서
발견되었습니다.

기원전 2300년경
고조선 건국

고조선 건국에 관한 설화는
《삼국유사》, 《제왕운기》 등
고려 시대에 저술된 사서에
등장합니다.

기원전 331년
알렉산드로스대왕 페르시아제국 멸망

알렉산드로스대왕은 페르시아를 정복한 후 중앙아시아와 인도의 인더스강까지 진격하여 대제국을 세웠습니다.

30년경
예수 그리스도의 사망

《성경》에는 예수가 골고다 언덕에서 십자가에 못 박혔다고 기록되어 있습니다.

기원전 221년
진나라 중국 통일

진나라가 중국 본토를 통일하여, 중국 역사상 최초의 통일 국가가 되었습니다.

기원전 753년
로마 건국

로마는 세계에서 가장 오래되고 영향력 있는 도시 중 하나로, 로마 왕국은 로마 공화국 이전에 로마 국왕들이 통치하던 왕정 시기를 말합니다.

기원전 264년
제1차 포에니 전쟁

로마 공화국과 카르타고 사이에서 서부 지중해에 대한 패권을 놓고 벌어진 전쟁입니다.

고대
4대 문명의 탄생부터 예수의 죽음까지

우리는 흔히 4대 문명을 인류 최초의 문명이라고 알고 있습니다. 4대 문명이란 메소포타미아문명, 이집트문명, 인더스문명, 그리고 황하문명을 말합니다. 4대 문명은 모두 강을 중심으로 발달했으며, 기원전 4000년경에 시작됐다는 공통점이 있습니다. 하지만 4대 문명이라는 개념이 어디서 유래했는지는 아직 명확하지 않으며 전 세계적으로 통용되는 개념도 아닙니다.

그래서인지 최근 인류 역사의 시작을 4대 문명으로 바라보는 시각은 많은 비판을 받고 있습니다. 비판의 이유로는 황하문명이 시작한 시기가 다른 3대 문명보다 훨씬 늦은 기원전 2000년경으로 추정된다는 것과 4대 문명이 특정 지역에만 한정되어 있다는 것입니다. 다시 말해 4대 문명이라는 구분은 인위적으로 만들어 낸 개념인 것이죠. 그래서 서구에서는 4대 문명을 대신해 '문명의 요람'이라는 용어로 인류 역사의 시작을 설명합니다.

하지만 이러한 한계에도 불구하고 여기서는 4대 문명을 중심으로 이야기를 풀어가도록 하겠습니다. 4대 문명이라는 개념이 역사적으로 옳아서가 아니라, 이 구분법이 고대 역사를 이해하는 가장 쉬운 방법이기 때문입니다. 만약 우리가 지금까지 발견된 모든 문명과 유물의 진위를 논한다면 아마 이 책이 끝날 때까지도 서론을 벗어나지 못할 것입니다.

고대 문명이 발생한 시기가 까마득히 먼 옛날이기 때문에 고대 문명에 대해 쓰인 기록이나 남겨진 유물은 사실 굉장히 부족합니다. 문자 기록이 남아있더라도 문명이 발생한 시기보다 훨씬 더 후대에 쓰인 글이 대부분입니다. 그래서 우리가 고대 문명에 대해 알고 있다고 생각하는 지식 대부분이 신화와 사실이 뒤섞여 있거나 '~했을 것이다' 같은 추정을 기반으로 하고 있습니다. 그렇기에 고대 문명에 대해 교과서에서 배운 내용 중 많은 부분이 훗날 새로운 유물이 발굴되면 새롭게 쓰일 수도 있습니다. 어쩌면 이런 점이 고대 문명이 가진 특유의 매력이 아닐까요?

고대 문명은 주로 강 유역에서 발달한 덕분에 농업 중심의 안정적인 사회가 형성되었습니다. 농업을 통해 식량 생산량이 늘어나자, 인구가 증가했습니다. 또한 농촌은 도시로, 도시는 문명으로 점차 발전하기 시작했습니다. 그러면서 사회를 이끄는 왕과 귀족이 상류 계층을 차지했고 농민과 상인, 그리고 노예는 피지배층을 형성했습니다.

인류가 점차 발전하면서 문자와 건축물을 비롯한 다양한 기술 또한 이 시기에 탄생했습니다. 이제 고대 문명은 원시적인 사회에서 벗어나 고도화된 문명 도시를 건설하게 됩니다. 여러 고대 문명이 비슷한 시기에 비슷한 출발을 했을지라도 이후 이들은 각각의 문화와 풍습에 따라 그들만의 이야기를 만들었습니다.

문명의 발달 과정은 어느 정도 예측 가능한 패턴을 따라가는 듯 싶다가도, 또 예상을 완전히 벗어난 충격적인 사건이 일어나기도 합니다. 그래서 역사는 재미있는 것이겠죠. 그럼 이제부터 본격적으로 고대 문명을 시작으로 세계 역사에 대해 자세히 알아보겠습니다.

4대 문명의 시작

기원전 4000년경

기원전 4000년경 메소포타미아 지역에서 세계 최초의 문명으로 알려진 수메르문명이 탄생했습니다. 메소포타미아는 '두 강 사이의 땅'이라는 뜻으로 서아시아(현재의 이라크)의 티그리스강과 유프라테스강 사이에 위치했습니다. 오늘날 이 지역은 황량한 모래사막이지만 당시에는 비옥한 토양을 가진 풍요로운 땅이었죠.

메소포타미아 지역에 인류 최초의 도시 우루크가 세워졌고, 이 도시를 중심으로 수메르문명이 꽃피었습니다. 이때가 얼마나 까마득한 옛날이었냐 하면, 아직 매머드가 살아있을 때였죠. 이

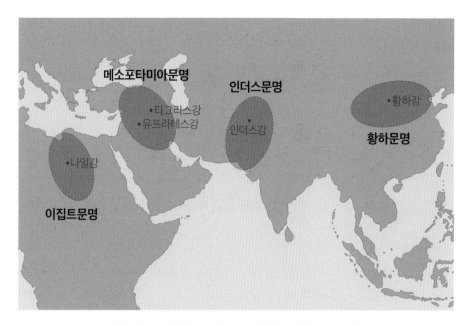

메소포타미아문명

• 티그리스강
• 유프라테스강

인더스문명

• 인더스강

• 황하강

황하문명

• 나일강

이집트문명

인류 역사에 결정적 영향을 끼친 4대 문명은 큰 강을 끼고 있으며
온대기후 지역에 분포한다. 큰 강 유역은 물이 풍부하여
농토에 물을 공급할 수 있는 이점이 있었으며,
상류로부터 기름진 흙이 운반되어 비옥한 충적토를 이루었다.

곳에서 바퀴와 도로 그리고 벽돌이 만들어졌고, 문자를 처음 사용하기도 했습니다.

곧이어 세계 각지에 여러 문명이 등장하기 시작했습니다. 대표적으로는 인더스문명, 이집트문명 그리고 황하문명이 있습니다. 메소포타미아문명과 더불어 이 문명을 '세계 4대 문명'이라고 부릅니다. 하지만 잘 알려지지 않았을 뿐이지, 이 외에도 마야문명 등 다양한 문명이 세계 각지에서 등장했습니다.

고대이집트의 탄생

기원전 3150년경

오랫동안 이집트 역사 대부분은 미스터리로 남아있었습니다. 1799년, 나폴레옹이 고대이집트 문자와 그리스 문자가 함께 적힌 로제타석을 발견함으로써 고대이집트 연구의 실마리를 제공했습니다. 마침내 고대이집트 상형문자를 해독하는 데 성공해, 베일에 싸인 고대이집트 역사가 드러났죠.

고대이집트의 역사가 언제 시작됐는지는 분명치 않지만 대략 기원전 3500년경 나일강을 중심으로 이집트 최초의 국가들이 등장한 것으로 보입니다. 역사의 아버지라고 불리는 헤로도토스는 이집트가 '나일강의 선물'이라고 말했을 정도로 나일강

고대이집트인은 사후 세계에서의 부활과 영생을 믿었다.
이 내세관의 뿌리에는 신화가 있다. 지금도 이집트의 무덤과 신전에는
고대이집트인이 믿었던 신화의 모습이 생생하게 남아있다.

은 이집트문명의 젖줄이었습니다. 주기적으로 범람했던 나일강 유역에는 비옥한 토지가 생겨났고, 농사에 필요한 충분한 물을 공급했습니다.

기원전 3100년경에 메네스라는 인물이 등장해 남·북 이집트를 통일하고 고대이집트 최초의 파라오가 되었습니다. 이것이 이집트 제1왕조의 시작이었습니다. 이후 고대이집트 역사에는 30개가 훨씬 넘는 왕조가 등장하게 됩니다. 하나로 통일된 고대이집트는 파라오의 통치하에서 발전을 거듭했습니다. 문자, 예술, 과학이 발전했고, 강력한 군사력을 바탕으로 남쪽 누비아까지 영토를 확장했습니다.

바빌로니아와 히타이트

기원전 1595년경

당시 지중해와 서아시아에서는 여러 문명이 번영을 누리고 있었습니다. 히타이트와 아시리아, 바빌로니아 그리고 고대이집트가 그 지역의 패권을 놓고 경쟁하고 있었죠.

이중 티그리스강과 유프라테스강 사이에 위치한 바빌로니아는 당시 세상에서 가장 큰 도시로 알려진 바빌론을 중심으로 고도로 발달한 문명을 이룩했습니다. 또한 바빌로니아는 인구 대부분이 도시에 거주할 만큼 도시화된 사회였습니다. 까마득히 먼 옛날이었음에도 불구하고 바빌론에는 이미 하수도 시설과 도로가 완비돼 있어서 바빌론의 시민들은 쾌적한 도시 생활을

할 수 있었죠.

바빌로니아는 함무라비의 통치하에서 전성기를 맞이했습니다. 기원전 1755년경, 바빌론의 왕이었던 함무라비는 주변 세력을 모두 병합하고 바빌로니아 전 지역을 통일했습니다. 또한 함무라비는 인류 역사상 가장 오래된 성문법인《함무라비 법전》을 제정한 것으로 유명합니다.

하지만 서쪽에서는 새로운 강자 히타이트가 힘을 모으고 있었습니다. 히타이트는 오늘날 튀르키예가 있는 아나톨리아를 장악하고 있었습니다. 히타이트는 한때 최초로 철기를 발명한 문명으로 알려졌지만, 오늘날 이 주장은 많은 반박에 부딪혀 힘을 잃고 있습니다. 다만 히타이트가 막강한 군사력을 보유했다는 것만큼은 사실이었던 것 같습니다.

기원전 1595년경, 히타이트의 무르실리 1세는 바빌로니아의 수도인 바빌론을 기습해 도시를 약탈했습니다. 바빌로니아는 이후 오랜 세월 외세의 지배를 받게 됩니다. 그리고 이 혼란기는 1,000년 후 나보폴라사르와 그의 아들 네부카드네자르에 의해 신바빌로니아가 세워지기까지 계속됐습니다.

바빌로니아를 멸망시킨 히타이트는 계속 세력을 넓혀서 서쪽의 강국 고대이집트와 충돌하게 됩니다. 기원전 1274년에는 둘 사이에서 '카데시 전투'가 벌어집니다. 이 역사적인 전투에서 양국은 오랜 소모전을 겪었고, 결국 기원전 1258년경 양국 간에는 세계 최초의 문서화된 평화 조약이 체결되었습니다.

트로이전쟁

기원전 1250년경

기원전 1200년경 그리스의 미케네문명이 서아시아의 트로이를 공격했습니다. 트로이전쟁으로 불리는 이 사건은 호메로스의 《일리아스》에 기록돼 있습니다.

《일리아스》에 따르면 트로이가 스파르타의 왕비 헬레네를 납치한 사건이 전쟁의 발단이라고 합니다. 이 사건에 분노한 미케네의 왕 아가멤논이 그리스 모든 도시에 군사 동원령을 내려 트로이를 공격했습니다. 그 시대 기준으로는 어마어마한 숫자인 약 10만 명 정도가 동원됐다고 추정됩니다.

이 전쟁에서 아킬레우스와 헥토르 그리고 오디세우스와 같

목마 안에 숨어있던 그리스군이 뛰쳐나와 트로이 성에 불을 질렀다.
승리를 자축한 잔치 끝에 쓰러져 자던 트로이 군사들은 죽음을 면치 못했고,
그리스군이 승리를 거머쥐었다.

은 여러 전설적인 영웅이 활약했습니다. 트로이는 그리스에 맞
서 용감히 싸웠지만 결국 도시는 그리스에 의해 함락됐습니다.
트로이전쟁 하면 떠오르는 '트로이 목마'는《일리아스》에 등장
하지 않습니다.

트로이전쟁은 오랫동안 허구의 역사로 여겨졌습니다. 하지
만 1871년, 독일의 고고학자인 하인리히 슐리만이 현재 튀르키
예의 히사를리크 지역에서 트로이의 유적을 발굴함으로써 트로
이가 실제로 존재했다는 사실이 밝혀졌습니다.

바다 민족의 침략

기원전 1200년경

그러다 갑자기 재앙이 찾아왔습니다. 기원전 1200년에서 1150년 사이에 일어난 일련의 사건으로 메소포타미아뿐 아니라 그리스의 미케네문명과 서아시아의 히타이트문명이 역사 속으로 사라졌습니다. 고대이집트와 아시리아는 간신히 살아남았지만 겨우 명맥만 유지할 뿐이었죠.

대체 이 당시에 무슨 일이 있었던 걸까요? 이 시대를 기록한 사료가 없다시피 해서, 이때 정확히 어떤 일이 있었는지는 알 수 없습니다. 질병과 자연재해가 여러 문명이 갑자기 몰락한 원인이었다는 주장도 있지만, 많은 고고학자는 '바다 민족의 침략'을 가장 큰 원인으로 꼽습니다.

바다 민족Sea Peoples에 대한 추측은 다양합니다. 일부 학자들은 이들이 유럽 남부나 에게해 지역에서 온 사람들이라는 가능성을 제기합니다. 환경적인 요인으로 인해 살던 지역을 떠날 수밖에 없었던 이들이 새로운 땅을 찾기 위해 대규모로 이동했을 수 있다는 것입니다.

또 다른 학설은 이들이 동부 지중해의 여러 부족이 느슨한 연합체를 이루어 형성된 집단이라는 가설입니다. 특히 필리스티아인Philistines이나 그들의 조상일 가능성도 있다고 합니다.

더 나아가, 바다 민족은 경제적 위기나 내부 갈등으로 기존 지역에서 밀려난 무장한 집단이었을 수 있다는 주장도 있습니다. 하지만 바다 민족이 정확히 누구인지, 어디에서 왔는지는 여전히 고대 역사의 미스터리로 남아있습니다.

바다 민족의 침략은 그리스와 서아시아 지역에서 이후 약 200년간 문명의 쇠퇴를 초래했습니다. 또한 이 지역에 엄청난 피해를 남겼고, 문명이 거의 사라질 정도로 큰 타격을 준 사건인 것이죠.

주나라의 건국

기원전 1046년

　지구 반대편의 중국에서는 주나라가 세워졌습니다. 주나라는 기원전 11세기 무렵, 상나라를 멸망시키고 건국되었습니다. 주나라의 시조인 주무왕周武王은 상나라의 폭군 주왕을 타도하며 새로운 통치 질서를 세웠습니다. 주나라는 혈연 중심의 봉건제를 도입해 중앙 권력을 지방으로 분산시키는 독특한 체제를 구축했습니다. 이는 각 지역의 제후들이 자율적으로 통치할 수 있게 하는 대신, 왕실에 충성을 맹세하도록 하여 통일된 국가를 유지하는 방식이었죠.

　주나라는 하늘의 뜻인 천명을 강조하며 자신들의 통치 정당성을 주장했는데, 이는 천자가 천하를 통치한다는 '천하'라는 개념을 처음으로 제시한 중요한 사상적 전환점이었습니다. 이 시기에 철기가 점차 보급되기 시작하면서 농업 생산력이 크게 향상되었고, 그 결과 인구가 증가하고 사회 구조가 점차 복잡하게 발달했습니다.

하지만 시간이 지나면서 봉건제의 한계가 드러났습니다. 각 제후국의 세력이 점차 강해지며 중앙의 권위를 무시하기 시작했고, 내부의 정치적 갈등도 심화되었죠. 결국, 기원전 770년경 주나라가 수도를 동쪽의 낙읍(현재의 뤄양)으로 옮긴 뒤로 권력은 급격히 약화되었고, 제후국들에 대한 통제력을 상실하게 되었습니다. 이때부터 중국은 여러 제후국이 난립하는 춘추전국시대로 진입하게 됩니다.

그 뒤로 500년간 중국에서는 전쟁이 끊이지 않았고, 그사이에 수많은 영웅호걸이 등장했습니다. 시간이 지나면서 여러 제후국은 점차 진나라와 제나라, 초나라, 그리고 연나라와 조나라 등 몇몇 강대국으로 통합되었습니다. 춘추전국시대는 중국이 통일 국가로 진입하는 기회를 마련하는 중요한 시점이 되었습니다.

더 깊게 읽기 →　p.268

이스라엘왕국 건국

기원전 1000년경

이즈음 새로 등장한 민족 중에서 가장 유명한 민족은 아마 유대인일 것입니다. 이웃 민족과는 다르게 유일신을 믿었던 유대인의 행적은 《성경》에 기록되어 있죠.

〈구약성경〉에 따르면 유대 민족은 고대이집트에서 빠져나와 가나안 땅에 정착했습니다. 주변 부족들을 몰아내는 데 성공한 유대인들은 기원전 1047년경 '이스라엘왕국'을 세웠습니다. 그리고 기원전 970년경 다윗왕의 아들인 솔로몬왕의 통치하에서 이스라엘은 전성기를 맞이했습니다. 호화로운 궁전에 살면서 온갖 부귀영화를 누린 솔로몬은 말년에 이런 말을 남겼다고 합니다.

《성서》속 솔로몬은 '지혜의 왕'으로 불린다.
한 아기를 두고 다툰 두 엄마에 대한 판결은 솔로몬의 지혜를 압축해
보여주는 일화다. 그림은 솔로몬왕이 아이의 진짜 엄마를 알아내기 위해
아기를 반으로 잘라 나눠 가지라고 명령하는 순간을 묘사하고 있다.

"헛되고 헛되며 헛되고 헛되니 모든 것이 헛되도다. 사람이 해 아래서 수고하는 모든 수고가 자기에게 무엇이 유익한고. 한 세대는 가고 한 세대는 오되 땅은 영원히 있도다."

더 깊게 읽기 → p.203

아시리아의 팽창

기원전 900년경

고대 세계가 암흑기에서 벗어나고 얼마 안 된 기원전 900년 경, 고대 세계를 제패하는 문명이 등장했습니다. 바로 공포의 제 국이라 불리게 될 '아시리아'였죠. 아시리아는 무기를 개량하고 기병대를 적극적으로 활용하면서 메소포타미아 최강의 군대로 거듭났습니다.

기원전 745년, 아시리아는 티글라트 필레세르Tiglath Pileser의 통치하에서 크게 세력을 넓혔습니다. 그가 왕위에 있는 동안 아 시리아는 시리아를 병합했고, 페니키아와 이스라엘왕국을 속국 으로 만들었습니다. 그리고 기원전 728년, 아시리아가 바빌론을 정복하고, 서아시아의 패권을 쥐게 됩니다.

아시리아는 특히 무자비한 잔혹 행위로 악명이 높았습니다. 반란을 주도한 우두머리는 끌려가 산채로 가죽이 벗겨졌고 주민들까지 산채로 불태워졌습니다. 아시리아의 왕 아슈르나시르팔Ashurnasirpal은 이에 대해 이런 기록을 남겼습니다.

"나는 도시 앞에 기둥을 세우고 반란을 일으켰던 우두머리의 가죽을 벗겨 기둥에 널어놓았다. 많은 사람의 가죽을 벗겨 성벽에 널어놓았다. 생포된 이들 중 일부는 팔이나 다리를 잘랐고, 일부는 코나 귀나 손발을 잘랐다. 나는 많은 사람의 눈을 뽑았다. 나는 그들 중 젊은 남녀를 잡아 불태웠다. 내가 포로를 처형한 산은 마치 피 먹은 솜처럼 붉게 물들어 있었다."

아시리아는 강력한 군사력으로 그들에게 저항하는 세력을 무자비하게 탄압했습니다. 그래서 아시리아는 연승을 거두었음에도 더 많은 적을 상대해야 했습니다. 계속된 정복과 공포정치가 모두를 공공의 적으로 돌린 것이었죠.

로마의 탄생

기원전 753년

기원전 753년, 오늘날 이탈리아 지역에서 로마가 탄생했습니다. 전설에 따르면, 로물루스가 쌍둥이 동생 레무스를 죽이고 자신의 이름을 따 도시를 세웠다고 전해집니다.

로마 건국 신화에 따르면, 로물루스와 레무스는 부모에게서 버려진 뒤 늑대의 젖을 먹으며 자랐습니다. 두 형제가 세운 로마는 테베레강이라는 전략적 요충지에 위치해 유리한 교통 조건을 갖추고 있었습니다. 그러나 형제간의 갈등은 비극적으로 끝났죠. 로물루스가 레무스를 죽이는 사건은 로마의 건국이 피와 희생으로 이루어졌음을 상징적으로 보여줍니다.

로물루스와 레무스는 로마의 전설에 등장하는 쌍둥이 형제로,
형제 가운데 로물루스는 로마의 건국자이자 초대 왕이다.

건국 초기 로마는 작은 도시국가에 불과했습니다. 북쪽에는
강력한 세력을 자랑하던 에트루리아가 있었고, 남쪽에는 그리스
식민지가 자리 잡고 있었죠. 그럼에도 로마는 오랜 세월에 걸쳐
점차 세력을 확장하며 성장했습니다. 마침내 기원전 272년, 로
마는 이탈리아반도 전체를 정복하며 강력한 도시국가로 자리매
김했습니다. 이로써 로마는 지중해로 눈을 돌리며 새로운 시대
를 열 준비를 하게 되었습니다.

더 깊게 읽기 → p.162

신바빌로니아왕국 건국

기원전 626년

아시리아를 무너뜨린 인물은 나보폴라사르Nabopolassar였습니다. 그리고 그의 아들이 바로 신바빌로니아왕국의 군주가 되는 네부카드네자르 2세였죠. 나보폴라사르는 인근 메디아왕국의 도움을 받아 오랜 내전으로 약해진 아시리아를 공격했습니다.

기원전 613년 두 동맹국은 마침내 아시리아의 수도 니네베를 함락했습니다. 고대의 파괴자 아시리아가 멸망하는 순간이었습니다. 이렇게 세워진 새로운 바빌로니아왕국은 과거 1000년 전에 히타이트에 의해 멸망했던 고대 바빌로니아와 구분 짓기 위해 '신바빌로니아'로 불립니다.

네부카드네자르 2세의 통치하에서 신바빌로니아는 다시 한 번 번영을 누렸습니다. 그는 레반트 지역을 평정하며 이집트와의 전쟁에서 승리를 거두었고, 강력한 라이벌인 메디아왕국과는 정략결혼을 통해 동맹 관계를 강화했습니다.

신바빌로니아는 풍요의 땅인 메소포타미아 지역을 차지하고 있었습니다. 지금은 사막화가 진행됐지만, 이때만 해도 이 지역의 땅은 당시 기준으로는 어마어마한 양의 농작물을 생산하며 경제적 번영을 가져다 주었죠.

하지만 무엇보다도 바빌로니아의 자랑은 수도 '바빌론'이었습니다. 세계의 수도로도 알려졌던 바빌론은 '이슈타르의 문'과 세계 7대 불가사의 중 하나인 '공중 정원'으로도 유명합니다. 기록에 따르면 네부카드네자르 2세의 아내는 정략결혼으로 메디아왕국에서 온 아미티스Amytis로, 늘 고향의 푸른 초원과 산을 그리워했다고 합니다. 그래서 네부카드네자르 2세가 아내를 위로하기 위해 만든 게 바로 공중 정원이었죠.

신바빌로니아왕국은 고대 근동近東 지역의 문화와 과학, 기술의 중심지로서 후대에 큰 영향을 미쳤습니다. 바빌론의 천문학과 법률 체계는 헬레니즘 세계와 로마제국, 나아가 현대 과학과 법률에 영향을 주었으며, 고대 도시 바빌론은 도시 건축과 문화의 모델로 남았습니다. 이러한 점에서 신바빌로니아의 건국은 단순한 왕국을 넘어 인류 문명의 중요한 전환점으로 평가받습니다.

공자와 석가모니의 탄생

기원전 550년경

기원전 550년경, 거의 비슷한 시기에 중국에서는 공자가, 인도에서는 석가모니가 태어났습니다. 이 둘은 각각 유교와 불교의 창시자로 동양 사상에 큰 영향을 미쳤습니다.

공자는 인간 사회의 질서와 조화를 강조하며 유교를 체계화했습니다. 인仁, 예禮, 의義, 지智와 같은 덕목을 통해 인간관계를 정립하고, 효孝와 충忠 같은 윤리를 중시했습니다. 정치적 안정과 도덕적 지도자를 통한 사회의 발전을 주장한 그의 사상은 후대 동아시아 전역의 정치와 철학, 교육에 큰 영향을 끼쳤습니다.

석가모니는 인간의 고통苦에 대한 성찰 끝에 불교를 창시했

조선시대 15세기 제작된 〈석가탄생도〉의 일부.
석가모니를 출산한 마야부인이 나무 밑에 앉아있다.

습니다. 그는 고통에서 벗어나기 위한 길로 '사성제四聖諦'와 '팔
정도八正道'를 설파하며, 욕망과 집착을 버리고 명상을 통해 해탈
을 추구하는 삶을 강조했습니다. 불교는 이후 동남아시아와 동
아시아로 전파되며 다양한 형태로 발전했습니다.

유교는 사회적 윤리와 국가 통치의 기반을, 불교는 개인의
영적 성장과 해탈을 강조하며 오늘날까지도 동아시아의 윤리적
기반을 형성하고 있습니다.

더 깊게 읽기 → p.270

페르시아제국과 폴리스의 성장

기원전 539년

기원전 539년, 페르시아의 키루스 2세가 바빌로니아를 멸망시키고 페르시아제국을 건설했습니다. 그 이후 페르시아는 리디아와 이집트를 멸망시키고 서아시아와 아프리카를 아우르는 대제국으로 성장했습니다. 인류 역사상 유례가 없던 거대한 제국이었죠.

기원전 490년, 페르시아는 대군을 동원해 두 차례에 걸쳐 그리스를 침공했습니다. 그리스의 역사가 헤로도토스에 따르면 이때 페르시아가 동원한 병력은 무려 231만 명에 달했다고 합니다. 하지만 아테네와 스파르타가 활약한 그리스군은 기적적으로 페르시아군을 막아냈습니다.

고대 그리스는 같은 언어와 문화를 공유했으나, 통일된 왕국 대신 '폴리스'라고 불리는 수많은 도시국가로 이루어져 있었습니다. 대표적인 폴리스로는 아테네와 스파르타, 코린토스, 테베 등이 있었으며, 대부분의 폴리스는 시민과 노예, 외국인의 수를 모두 합쳐 대략 4~5만 명 정도의 인구였다고 합니다. 하지만 가장 큰 폴리스인 아테네와 스파르타의 경우 인구는 30~40만 명 정도였을 것으로 추정됩니다.

각 폴리스는 개성이 뚜렷했습니다. 먼저 스파르타는 '전사의 도시'였습니다. 시민들은 어린 시절부터 혹독한 군사훈련을 받으며, 중무장 보병의 팔랑크스phalanx 전술을 익혔습니다. 팔랑크스 전술은 철저한 단결력과 조직력을 바탕으로 하는 전술입니다. 스파르타군은 이 전술을 통해 그리스 최강의 군대가 될 수 있었죠. 전투에서 보여주는 강인함은 스파르타인의 자부심이자 존재 이유였습니다.

한편, 아테네는 '지성과 예술의 요람'으로 불렸습니다. 시민들은 광장에서 토론하며 직접민주주의를 실현했습니다. 소크라테스는 철학적 질문으로 사람들을 깨우쳤고, 예술가들은 그리스 문화를 빛내는 작품을 남겼습니다.

스파르타와 아테네는 서로 다른 매력으로 고대 민주주의와 법률 제도를 발전시키는 데 기여했습니다. 이들의 유산은 오늘날 서양 문명의 기반으로 남아있습니다.

알렉산드로스대왕의 정복

기원전 331년

최초로 민주주의가 시행되며 소크라테스와 플라톤 같은 철학자들이 자유롭게 활동한 곳은 바로 아테네였습니다. 하지만 정작 그리스를 통일한 건 아테네나 스파르타가 아닌 '마케도니아'였는데요. 아테네와 스파르타가 오랜 세월 서로 싸우느라 힘을 다 소진했기 때문이었습니다.

기원전 338년, 그리스 북부의 마케도니아왕국이 고대 그리스 세계를 장악했습니다. 원래 마케도니아는 그리스 중심지에서 멀리 떨어진 나라였습니다. 마케도니아는 헤라클레스의 후손임을 내세우는 그리스인들로 구성되었지만, 언어와 생활 방식, 국가 체계에 있어서 사실상 그리스 남부의 도시국가와는 큰 차이를 보였습니다. 그래서 마케도니아는 그리스인들로부터 미개인과 그리스인 중간 정도의 취급을 받았죠.

마케도니아는 비옥하고 넓은 영토와 풍부한 자원을 보유하고 있어서 충분히 발전 가능성이 있는 나라였죠. 하지만 내적으로는 단합이 잘 되지 않았고, 외적으로는 강력한 적국에 둘러싸여 있어서 오랫동안 두각을 나타내지 못하고 있었습니다. 이때 등장한 인물이 '필리포스 2세'였습니다.

필리포스 2세는 유능한 인물이었습니다. 그는 군사 개혁을 통해 '마케도니아식 팔랑크스'를 도입했습니다. 마케도니아식 팔랑크스는 기존에 사용하던 창보다 훨씬 긴 사리사sarissa라는 창을 사용했는데, 그 길이가 무려 6미터에 달했습니다. 마케도니아식 팔랑크스는 엄청난 위력을 발휘했습니다. 긴 창이 고슴도치처럼 솟아서 상대를 돌파하는 데 훨씬 유리해, 이를 상대하는 적은 속수무책이었습니다. 필리포스 2세는 강력한 군사력과 외교술로 주변 국가들을 빠르게 복속시켰습니다. 기원전 338년, 마케도니아가 그리스 연합군을 격파하면서 필리포스 2세는 그리스의 실질적 일인자로 올라서게 됩니다.

필리포스 2세에게는 '알렉산드로스'라는 아들이 있었는데 그는 어린 나이부터 일찍이 아버지를 도와 전장을 누비면서 수많은 전공을 세웠습니다. 그러다 필리포스가 갑자기 암살당하자 알렉산드로스가 그의 뒤를 이었습니다. 20세에 왕위에 오른 알

그림에서 알렉산드로스 대왕은 코끼리 두 마리가 끄는 거대한 전차에 타고,
월계수 모양의 황금 투구를 들고 있다. 뒤에는 바빌론의 공중 정원이 보인다.

렉산드로스는 놀랍게도 페르시아 원정을 떠났습니다.

당시 페르시아는 영토나 인구로 봤을 때 그리스와는 비교할
수 없는 대제국이었습니다. 그런데도 알렉산드로스는 불가능해
보이는 원정을 감행한 것이었습니다. 하지만 예상과 달리 알렉산
드로스가 이끄는 마케도니아군은 승승장구하더니 기원전 331년,
가우가멜라 전투에서 페르시아군을 격파하고 결정적인 승리를

차지했습니다. 이 승리로 마케도니아의 알렉산드로스대왕은 페르시아제국을 멸망시켰습니다.

그때까지 세계의 중심은 메소포타미아 지역이었습니다. 그런데 마케도니아가 페르시아를 멸망시킨 후에는 그리스 문명이 서양 세계의 중심이 되었습니다. 알렉산드로스는 여기에 만족하지 않고 인도까지 원정을 떠났습니다.

특히 인도 원정에서는 히다스페스Hydaspes강 전투에서 코끼리를 동원한 인도군을 격파하며 자신의 군사적 천재성을 입증했습니다. 알렉산드로스대왕은 동서양 문명을 융합하려는 야망을 품고, 각지에 그리스 문화를 전파하며 새로운 도시를 건설했습니다. 이 중 가장 유명한 도시는 이집트의 알렉산드리아입니다.

하지만 왕위에 오른 지 14년째인 기원전 323년, 알렉산드로스는 병을 얻어 이른 나이에 세상을 떠납니다. 이로써 알렉산드로스대왕이 세운 대제국은 해체돼 여러 세력으로 쪼개졌습니다.

알렉산드로스대왕의 업적은 단순한 정복 활동을 넘어섭니다. 그는 동서양의 문화를 융합하여 헬레니즘 문화를 탄생시켰고, 이는 예술, 과학, 철학의 발전에 큰 변화를 가져왔습니다. 이후 헬레니즘 문화는 로마제국과 유럽 문명의 기초를 형성하며 세계사의 흐름을 새롭게 정의했습니다.

진시황의 중국 통일

기원전 221년

한편 동양에서는 기원전 221년, 진나라의 진시황이 최초로 중국을 통일했습니다. 진나라는 이후 현재 중국의 영어권 명칭인 '차이나'의 어원이 되기도 합니다. 진시황은 북쪽 유목 민족의 침략을 막기 위해 만리장성을 쌓은 것으로도 유명합니다.

하지만 진시황은 만리장성과 아방궁, 진시황릉 등 거대한 건축물을 짓기 위해 백성들에게 막대한 세금을 부과하고, 혹독한 노역을 강요했습니다. 또한 자신의 강력한 통제 정책에 반대하는 많은 유교 학자를 탄압했고, 유교 서적을 불살라 유교 사상을 억압했습니다. 이를 '분서갱유' 정책이라고 부릅니다. 이처럼 너

병마용은 진시황의 무덤을 지키기 위해 만들어진 것으로,
중국 최초의 통일 제국을 이룬 진시황의 위용을 상징한다.

무 억압적으로 나라를 다스렸기 때문에 진나라는 얼마 못 가 또 다시 여러 국가로 분열하게 됩니다.

이 시기 이후 한나라의 유방과 초나라의 항우가 중국의 패권을 놓고 싸우게 되는데, 결국에는 한나라가 승리했습니다. 이때의 이야기는《초한지》로 전해지고 있죠. 한나라는 이때부터 약 400년간 중국을 지배하게 됩니다.

더 깊게 읽기 →   p.270

실크로드 개척

기원전 200년경

한나라의 장기 통치 기간, 동양과 서양을 연결하는 중요한 교역로인 실크로드가 개척되었습니다. 기원전 2세기경, 한 무제 시대에 장건의 서역 탐험으로 본격적으로 열린 실크로드는 중국 시안에서 중앙아시아를 거쳐 지중해 연안까지 이어지는 육로와, 중국 남부에서 동남아시아, 인도를 거쳐 페르시아만까지 연결되는 해로로 구성되어 있습니다.

실크로드를 통해 동방에서는 비단, 도자기, 차, 종이 등이 서방으로 전해졌고, 서방에서는 유리, 양모, 귀금속, 포도주 등을 동방으로 수출했습니다. 그러나 실크로드의 영향은 단순한 물자

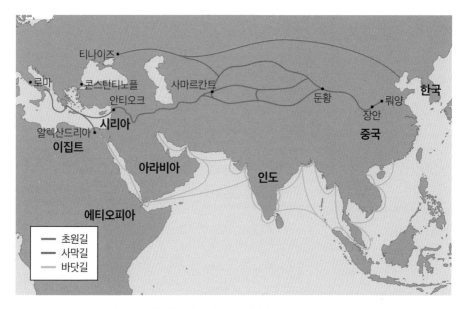

실크로드에는 육로인 초원길, 사막길과 해로인 바닷길이 있었다.

교역을 넘어섰습니다. 실크로드를 통해 불교, 이슬람교, 기독교 등 종교가 전파되었고, 그리스, 페르시아, 인도, 중국 예술의 융합이 일어났습니다. 또한 제지법, 화약, 나침반 등의 과학기술이 교류되었죠.

실크로드는 동서양 문명의 교류를 촉진하여 세계 문화 발전에 크게 기여했으며, 다양한 민족과 문화의 만남으로 새로운 문화가 탄생하는 계기가 되었습니다. 이러한 교류는 이후 수백 년 동안 지속되며 세계사에 큰 영향을 미치게 됩니다.

더 깊게 읽기 → p.271

제1차 포에니 전쟁

기원전 264년

기원전 264년, 이탈리아반도를 차지한 로마는 지중해의 패권을 놓고 카르타고와 전쟁을 벌였습니다. 이것이 바로 '제1차 포에니 전쟁'이었습니다. 그 이후 23년간 양국은 수십만 명의 병력을 희생시키면서 치열하게 싸웠는데, 결국에는 로마가 승리를 차지했습니다. 하지만 아직 전쟁이 끝난 것은 아니었습니다. 제1차 포에니 전쟁이 끝나고 20년 뒤인 기원전 218년, 카르타고의 명장 한니발이 알프스를 넘어 로마 본토를 급습한 것이었습니다. 이를 '제2차 포에니 전쟁'이라고 부릅니다.

한니발은 칸나이 평야에서 로마와 정면 승부를 벌였는데 이 전투에서 카르타고가 대승을 차지했습니다. 한니발은 이후 10년 간 로마를 유린했지만, 로마는 속수무책으로 이를 지켜볼 뿐이었습니다. 하지만 로마의 장군 스키피오가 반격을 감행해 겨우 한니발을 격퇴할 수 있었습니다.

이를 계기로 카르타고가 크게 쇠퇴했지만, 로마는 항상 카르타고가 부활하는 것을 경계했습니다. 급기야 기원전 146년, 로마는 '제3차 포에니 전쟁'을 일으켜 카르타고를 완전히 멸망시켰습니다. 카르타고에 이어 그리스마저 차지한 로마는 지중해의 최강자로 군림하게 되었죠.

기원전 49년에는 로마의 장군 줄리어스 카이사르가 루비콘강을 건너 로마로 진격했습니다. 이후 로마는 치열한 내전에 휘말리게 됩니다. 하지만 로마는 더욱 세력을 넓혀 갈리아와 이집트, 서아시아까지 장악했습니다. 이제 서양 세계 대부분이 로마의 지배를 받게 됩니다.

포에니 전쟁은 로마가 지중해 세계의 패권을 완전히 장악하는 계기가 되었습니다. 로마는 카르타고와의 전쟁을 통해 군사적, 경제적, 행정적 역량을 극대화하며 지중해 전체를 통합할 수 있는 기반을 마련했죠. 이후 로마의 지배 아래 서양 세계는 공통된 법률, 언어(라틴어), 문화가 퍼지며 유럽 문명의 뿌리를 형성했습니다.

더 깊게 읽기 → p.170

예수 그리스도의 사망

30년경

서기 30년경, 예수 그리스도가 십자가에 못 박혔습니다. 예수 그리스도는 전 세계 인류 역사상 가장 큰 영향을 끼친 인물로 손꼽히며, 그가 태어났다고 추정되는 시점을 기준으로 역사는 '기원전(B.C.)'과 '기원후(A.C.)'로 나뉩니다.

예수는 사랑과 용서를 중심으로 한 윤리적 가르침과 인류 구원이라는 메시지를 통해 종교적 영역을 넘어 문화, 철학, 윤리에까지 깊은 변혁을 일으켰습니다. 특히, 자신의 희생을 통해 인류의 죄를 대신한다는 구속救贖의 개념은 그를 독보적인 위치에 올려놓았습니다.

아무런 죄없이, 어떤 정당한 이유도 없이,
예수 그리스도는 십자가에 못 박혀 죽었다.

《성경》은 예수 그리스도에 대해 이렇게 기록하고 있습니다.

"하나님이 세상을 이처럼 사랑하사 독생자를 주셨으니 이는 그를 믿는 자마다 멸망하지 않고 영생을 얻게 하려 하심이라. 하나님이 그 아들을 세상에 보내신 것은 세상을 심판하려 하심이 아니요. 그로 말미암아 세상이 구원을 받게 하려 하심이라."

한나라의 멸망

220년

서기 220년, 한나라가 멸망하고 중국은 다시 한번 분열됐습니다. 중국은 유비가 다스리는 촉한과 조조가 다스리는 위나라 그리고 손권이 다스리는 오나라로 나뉘어 중국의 패권을 놓고 치열한 싸움을 벌이게 됩니다. 이때의 이야기는 《삼국지》를 통해 잘 알려져 있습니다.

《삼국지》는 수많은 영웅과 전략가들이 펼치는 드라마틱한 이야기로 유명합니다. 유비는 덕망을 앞세워 백성들의 지지를 얻으려 했고, 그의 오른팔인 제갈량은 천재적인 지략으로 촉한을 지탱했습니다. 반면, 조조는 강력한 군사력과 효율적인 통치로 위나라를 최강국으로 키우며 적들의 두려움을 샀습니다. 중국 강남 지역을 터전으로 삼은 손권은 오나라의 번영을 이끌며 '삼국의 균형추' 역할을 했죠.

《삼국지》의 하이라이트 중 하나인 적벽대전은 마치 현대의 블록버스터 전투 장면을 방불케 합니다. 촉한과 오나라가 연합해 조조의 거대한 군대를 화공으로 초토화하며 삼국 간의 균형을 만들었죠. 이 전투는 지략과 배짱, 그리고 연합의 힘을 보여준 역사적인 순간이었습니다.

하지만 《삼국지》는 단순히 전쟁 이야기로 끝나지 않습니다. 의리와 배신, 지혜와 인간적 갈등이 얽힌 이 이야기는 마치 인간 본성을 탐구하는 서사시처럼 깊은 여운을 남깁니다. 그래서일까요? 이 고전은 오늘날에도 여전히 사람들의 마음을 사로잡고 있습니다.

중국은 새로운 진나라에 의해 통일되었지만 결국에는 북방 이민족의 침략을 받아 무너지게 됩니다. 이후로는 위진남북조시대라는 대혼란의 시대로 들어섰습니다. 그리고 중국의 혼란을 틈타 한반도와 만주에서는 신라, 백제, 고구려가 세력을 넓히게 됩니다.

더 깊게 읽기 → p.271

Medieval Age
중세 주요 사건 연표

800년경
화약 발명

화약은 동양의 4대 발명품
중 하나로, 중국에서
10세기경부터 사용되기
시작했습니다.

610년
이슬람교의 탄생

이슬람교는 무함마드가
창시한 종교입니다.
이슬람이란 '유일신 알라에게
절대복종한다'는 뜻이며,
이슬람 신도를 '무슬림'이라고
합니다.

331년
밀라노칙령

밀라노칙령은 수백 년 동안
탄압받은 그리스도교가
공인되는 순간이었으며, 이후
교회는 황제의 전폭적인
지원을 받게 되었습니다.

843년
프랑크왕국의 분열

베르됭조약을 통해
동프랑크왕국, 중프랑크왕국,
서프랑크왕국으로
분열되었습니다.

618년
당나라 건국

양제가 살해당한 후 수나라의
이연이 공제에게 제왕의
자리를 받아 당나라를
건국했습니다.

1095~1291년
십자군 전쟁

십자군 전쟁의 계기는
1081년 동로마제국의 황제
알렉시오스 1세의 군사 지원
요청으로 시작되었습니다.

1337~1453년
백년전쟁

중세 유럽에서
가장 유명한 전쟁 중 하나로,
두 왕조가 117년에 걸쳐 싸운
장대한 전쟁입니다.

1206년
칭기즈 칸 몽골제국 건설

몽골제국은 인류 역사상 최대
규모의 단일 제국으로, 칭기즈
칸은 13세기 대륙을 제패하며
세계사의 흐름을 크게
바꾸었습니다.

918년
고려 건국

고려는 918년 왕건이
궁예를 축출하고 건국한
이후, 935년에는 신라를,
936년에는 후백제를 통합하여
신라의 삼국통일 이후 다시
한번 한반도의 통일을
이루었습니다.

1347~1351년
흑사병의 창궐

흑사병은 사망률이 매우
높아 전염된 도시에서는
인구의 절반 또는 그 이상이
사망했습니다. 흑사병으로
인해 1354년까지 유럽 인구의
절반이 줄어들었습니다.

중세

로마제국의 멸망부터 백년전쟁까지

흔히 5세기 서로마제국의 멸망부터 15세기 후반 르네상스까지 약 1,000년의 시기를 중세 시대라고 부릅니다. 중세라는 개념은 서양에서 고대와 근대 사이의 시대를 구분하기 위해 만들어졌습니다. 하지만 동양에서는 서양과 같이 고대와 중세를 구분할 수 있는 뚜렷한 특징이 없기 때문에 동양사에 이를 그대로 적용하기에는 무리가 있습니다. 그래서 동양 역사에서 중세가 언제였는지를 놓고 많은 논란이 있습니다. 하지만 서양의 중세는 로마제국의 멸망이라는 확실한 전환점이 존재합니다.

서기 476년 오랫동안 유럽을 지배해온 서로마제국이 게르만족 장군인 오도아케르에 의해 멸망했습니다. 서로마제국의 공백을 틈타 게르만족이 들어오는데, 이를 '게르만족의 대이동'이라고 부릅니다. 게르만족은 프랑크왕국과 롬바르드왕국, 서고트왕국 등을 건설하면서 유럽의 새로운 주인이 되었습니다.

물론 동쪽에는 아직 동로마제국이 건재했기 때문에 로마제국이 완전히 멸망했다고 보기는 어렵습니다. 특히 6세기 중반 동로마제국의 부흥을 이끌었던 유스티니아누스 황제는 대규모 정복 전쟁을 펼쳐서 전성기 시절의 영토 대부분을 회복하기도 했습니다. 동로마제국의 수도였던 콘스탄티노플은 그 당시 세계 최고의 도시로 '모든 도시의 여왕'이라고 불렸습니다.

한편 600년경 아라비아반도에서는 무함마드가 등장해 신흥 종교인 이슬람을 창시했습니다. 급속도로 성장한 이슬람교는 동로마제국과 서방을 위협하는 가장 큰 세력이 되었습니다. 하지만 동로마제국이 오랫동안 이슬람 세력의 진격을 막아내면서 유럽의 방파제 역할을 했습니다. 그러다 1071년, 만지케르트 전투에서 동로마제국이 셀주크제국에 패하면서 아나톨리아 지역을 이슬람 세력에게 내주고 맙니다. 이때부터 동로마제국은 이슬람 세력을 상대로 수세에 몰리게 됩니다. 하지만 동로마제국이 방파제 역할을 해준 덕분에 외세의 침략으로부터 비교적 자유로웠던 유럽에서는 기독교 사상과 게르만의 문화가 융합된 독특한 문명이 꽃피우고 있었습니다.

중세 유럽 문명의 특징 중 하나는 중앙집권체제가 약화되고 봉건사회가 형성됐다는 것입니다. 왕권이 약화되자 왕은 지역 영주에게 땅을 나눠주는 대신 충성을 맹세하게 했죠. 영주들은 그 땅을 다시 기사에게 나눠주고, 농민들에게 농사지을 땅을 임대해주며 충성을 요구했습니다. 이렇게 농지를 기반으로 한 피라미드 형태의 계층구조를 '봉건제도'라고 부릅니다. 하지만 흑사병으로 인한 노동력 감소로 인해 봉건제도가 점차 붕괴하게 됩니다.

중세 시대에 있었던 가장 큰 사건으로 십자군 전쟁을 들 수 있습니다. 11세기 말부터 13세기 말까지 유럽의 기독교 세력은 성지를 탈환한다는 명목으로 이슬람 세력과 전쟁을 벌였는데, 이것이 십자군 전쟁이었습니다. 십자군 전쟁은 결국 실패로 끝났지만, 유럽은 동방으로부터 발전된 문명과 과학기술을 도입하게 됩니다. 그리고 이는 르네상스의 기초가 되었습니다.

흔히 중세 시대는 전쟁과 전염병으로 점철되고, 개인의 자유가 억압된 암흑시대로 평가받았죠. 하지만 최근에는 중세가 우리가 생각했던 것만큼 암울한 시기가 아니었고 오히려 다양한 방면에서 발전을 이룬 시기였다는 주장에 힘이 실립니다.

밀라노칙령

313년

313년, 로마제국의 콘스탄티누스 1세는 기독교를 공인하는 밀라노칙령을 반포했습니다. 그때까지 로마는 많은 신과 여러 종교를 포용하는 다신교 사회였습니다. 그러다 기독교가 점차 성장했지만 여전히 로마에서는 박해를 받고 있었죠.

콘스탄티누스 1세가 밀라노칙령을 반포한 이유 중 하나는 전투 도중에 십자가 환상을 보고 승리한 경험 때문이었습니다. 그는 기독교가 제국의 분열을 통합하는 데 도움이 될 것이라고 믿었습니다. 또한 이전의 기독교 박해 정책이 실패하면서 종교적 관용이 필요하다는 인식이 퍼진 것도 중요한 배경이었습니다.

밀라노칙령은 종교의 자유와 모든 종교에 대한 관용을 나타낸 것이었다.
모든 사람이 자신이 원하는 종교를 믿을 수 있게 됐다.
특히 기독교인들은 더 이상 박해받지 않고 자유롭게 신앙생활을 할 수 있게 됐다.

밀라노칙령은 단순히 기독교를 허용한 것이 아니라 종교의 자유를 보장한 중요한 사건이었습니다. 밀라노칙령 덕분에 기독교는 로마 전역으로 빠르게 퍼졌고, 서양 문명의 중심이 되었습니다. 이 사건은 고대의 다신교 사회에서 중세의 기독교 중심 사회로 넘어가는 계기가 되었습니다.

더 깊게 읽기 → p.184

로마의 분열

395년

395년, 로마제국은 제국의 방대한 영토를 효율적으로 관리하려는 디오클레티아누스 황제의 결정에 따라 서로마제국과 동로마제국으로 영구적으로 분리되었습니다. 그러나 이 결정은 결과적으로 로마의 멸망을 낳습니다. 경제적으로 부유했던 동로마와 달리 서로마는 자원과 방어력이 부족했던 것이죠.

476년, 서로마제국이 쇠퇴를 거듭하다 멸망했습니다. 서로마제국의 멸망 원인 중 가장 큰 요인은 게르만족의 침입이었습니다. 중앙아시아에서 온 훈족이 유럽을 침략하면서 게르만족은 자신들의 거점을 잃고 로마제국 내로 밀려들었죠.

이러한 배경도 있었지만, 게르만족이 로마를 공격할 수 있었던 가장 큰 이유는 로마의 부패와 반복된 내전으로 인해 국경 방어력이 약화되었기 때문이었습니다. 로마는 이민족 병사를 고용해 군대를 유지하려 했지만, 이들은 오히려 로마 내부의 약점을 이용하며 반란을 일으키기도 했죠.

이런 상황의 끝에서 서로마는 결국 멸망했지만, 동로마는 상대적으로 안정된 상태에서 그리스 문화와 로마의 전통을 계승해 비잔틴(동로마)제국으로 발전했습니다. 그러나 이렇게 세워진 비잔틴제국조차 시간이 흐르며 점차 영토를 상실했고, 1453년에 이르러 오스만제국에 의해 멸망하게 됩니다.

로마제국은 서양 문명의 기틀을 마련하며 법률, 행정, 건축, 그리고 기독교의 확산에 큰 영향을 끼쳤습니다. 서로마의 멸망은 고대 세계의 끝과 함께 중세라는 새로운 시대를 여는 전환점으로, 세계사에서 매우 중요한 사건으로 평가됩니다.

더 깊게 읽기 → p.184

이슬람교의 탄생

600년경

600년경 아라비아반도에서는 무함마드가 이슬람을 창시했습니다. 이슬람을 국교로 삼은 이슬람 제국은 급격하게 세력을 넓히면서 서아시아와 북아프리카를 아우르는 대제국으로 성장했습니다.

그 후 이슬람 제국은 기회가 있을 때마다 유럽을 공격했고 711년에는 스페인이 있는 이베리아반도 대부분을 차지했습니다. 그래서 스페인은 500년이 넘는 기간 동안 이슬람 세계의 지배를 받게 됩니다.

이 시기에 이슬람 문화와 건축이 이베리아반도에 깊이 스며

아랍의 한 왕이 알람브라궁전을 보며 이렇게 말했다고 한다.
"천국이 어디 있느냐고 묻느냐? 바로 여기 있다."

들었습니다. 그라나다의 알람브라궁전과 코르도바의 메스키타 성당을 이슬람 건축의 대표적인 유적으로 손꼽을 수 있습니다.

이슬람교는 시간이 지나면서 다양한 분파로 나뉘게 되었는데, 무함마드의 후계자를 둘러싼 갈등에서 시작되었습니다. 수니파는 무함마드의 '동료'를 후계자로 봤고, 시아파는 무함마드의 '혈통'을 중요시했습니다. 이후 지역적, 정치적, 문화적 차이가 더해지며 이슬람교는 여러 분파와 세력으로 나뉘게 되었죠. 이러한 분열로 인해 현대에도 중동과 세계 곳곳에서 갈등이 지속되고 있습니다.

당나라 건국

618년

618년, 이연이 수나라를 무너뜨리고 당나라를 건국합니다. 이연에게는 이세민이라는 아들이 있었는데, 그는 당나라를 건국하는데 가장 큰 공을 세운 전쟁 영웅이었습니다. 하지만 형인 이건성과 동생 이원길이 이세민을 견제하면서 세력을 키우고 있었습니다.

626년 6월, 이세민은 이건성과 이원길에게 황제의 후궁을 강제로 희롱했다는 누명을 씌우고 이들을 궁궐로 호출합니다. 이건성과 이원길은 장안성의 북문인 현무문을 통해 들어오고 있었는데, 완전무장한 이세민이 이들을 공격해서 형 이건성을 활로 쏴 죽였습니다. 하지만 자기 손으로 친형을 죽인 것에 당황했는지 이세민은 말에서 떨어졌다고 합니다. 이때 동생 이원길이 이세민의 활을 빼앗아 이세민을 죽이려는 순간, 이세민의 부하인 위지경덕이 이원길을 죽였습니다. 이세민이 형제들을 제거한 이 사건을 '현무문의 변'이라고 부릅니다.

형제를 모조리 죽인 이세민에게 두려움을 느낀 황제 이연은 아들 이세민에게 황제 자리를 양보합니다. 친족을 자기 손으로 죽이면서까지 권력을 잡은 패륜아 이세민은 아이러니하게도 중국 역사상 가장 존경받는 황제, 당 태종이 됩니다.

권력을 잡은 이세민은 고구려를 공격했는데 그 유명한 안시성 전투에서 고구려군의 저항에 막혀 패배했습니다. 당나라군은 거대한 토산을 쌓아 공략하려고 했지만, 안시성의 결사적인 방어 탓에 실패했고, 결국 큰 손실을 본 당군은 본국으로 철수할 수밖에 없었습니다.

훗날 고구려에서 내분이 일어나자 기회를 포착한 당나라는 또다시 고구려를 공격했습니다. 결국 668년, 신라의 도움을 받은 당나라가 마침내 고구려를 멸망시켰습니다. 당나라는 고구려 멸망 후 동북아시아의 정치·군사적 구도를 크게 재편하며, 신라와 함께 새로운 질서를 만들어나갔습니다.

더 깊게 읽기 →   p.276

프랑크왕국의 분열

843년

732년, 프랑크왕국의 카롤루스 마르텔이 투르·푸아티에 전투에서 승리함으로써 서유럽을 이슬람 세력으로부터 막아냈습니다. 투르·푸아티에 전투는 이슬람 세력이 이베리아반도를 넘어서, 서유럽으로 진출하려는 과정에서 벌어진 전투였습니다. 카롤루스 마르텔은 이슬람군의 빠른 기동을 막기 위해 방어적인 진형을 구축했고, 이슬람군은 이 방어벽을 돌파하지 못해 큰 피해를 보며 퇴각했습니다. 이 전투는 서유럽과 이슬람 세력 사이에 중요한 전환점이 되었습니다.

843년, 프랑크왕국은 베르됭조약을 통해 루트비히 1세의 세

프랑크왕국은 세 국가로 분열되어
오늘날의 독일, 이탈리아, 프랑스의 기원이 되었다.

아들인 로타르 1세, 루트비히 2세, 카를 2세에게 분할되었습니다. 로타르 1세는 중부 프랑크왕국, 루트비히 2세는 동프랑크왕국, 카를 2세는 서프랑크왕국을 각각 차지했습니다. 그리고 이들 국가는 오늘날의 프랑스, 독일, 이탈리아의 기원이 되었습니다.

프랑크왕국의 분열은 유럽 각국의 민족적, 문화적 정체성이 형성되는 계기가 되었습니다. 또한 이후 서유럽의 국가 체제와 중세 유럽의 권력 구조가 형성되는 데 중요한 역할을 했습니다.

십자군 전쟁

1095~1291년

십자군 전쟁은 중세 유럽과 중동 사이에 벌어진 종교적·군사적 충돌이었습니다. 유럽의 기독교 국가들은 예루살렘을 성지로 여겼는데, 당시 예루살렘은 이슬람 세력이 지배하고 있었습니다. 이에 불만을 품은 유럽 기독교 국가들이 1095년, 첫 번째 십자군을 조직해 예루살렘으로 원정을 떠났습니다.

하지만 이슬람권에도 예루살렘은 포기할 수 없는 성지였습니다. 이렇게 시작된 십자군 전쟁은 1095년부터 1291년까지 무려 200년이나 지속됐고, 결국 십자군의 패배로 막을 내렸습니다.

교황 우르바누스 2세는 십자군을 통해 교회의 권위를 강화하고,
분열된 유럽을 하나로 묶고자 했다.
십자군은 성지 회복의 열망을 불러일으켰고,
기사들에게는 명예와 부를 얻을 수 있는 기회이기도 했다.

십자군 전쟁은 단순한 종교적 충돌을 넘어, 중세 유럽과 중동 간의 교류를 촉진하며 새로운 장을 열었습니다. 또한 유럽 사회는 이 전쟁을 통해 중앙집권적 국가 체제로 전환이 되었고, 군사기술이 발전하는 계기가 되었습니다. 이처럼 십자군 전쟁은 이슬람 세계와 기독교 세계 간의 관계에 중요한 변곡점을 제공했습니다.

칭기즈 칸 몽골제국 건설

1206년

1206년, 칭기즈 칸이 몽골제국의 초대 대칸에 올랐습니다. 칭기즈 칸은 어린 시절 아버지를 잃고 부족 간의 갈등 속에서 성장했으나, 뛰어난 지도력과 군사전략으로 몽골 부족들을 통합했습니다.

칭기즈 칸 이전의 몽골은 유목 생활이 중심인 분열된 부족사회였으나, 칭기즈 칸은 강력한 중앙집권 체제를 구축하며 통일된 행정 시스템을 도입했습니다. 그는 중국 북서쪽에 위치한 서하를 정복했으며, 금나라와 중앙아시아의 호라즘 제국을 멸망시켰습니다. 그는 이슬람 세계와 중국을 잇는 교역로를 장악하고,

동서양 간의 교류를 활성화하는 기반을 마련했죠. 그의 업적으로 인해 몽골은 전례 없는 대제국으로 성장했습니다.

이러한 몽골제국의 성장 배경에는 칭기즈 칸의 강력한 지도력뿐만 아니라, 철저한 군사 조직, 유목민 특유의 기동성을 활용한 전략, 그리고 종교와 문화에 관대한 정책이 있었습니다. 이러한 요인들은 몽골제국의 빠른 확장과 안정적인 통치의 기반이 되었습니다.

1241년, 몽골군은 동유럽에 진출해 폴란드군과 헝가리군을 격파하며 큰 위협이 되었습니다. 그러나 칭기즈 칸의 뒤를 이은 우구데이 칸의 사망 소식으로 인해 몽골군은 서유럽 정복 계획을 중단하고 본국으로 철수했습니다. 몽골군의 유럽 정복 중단은 서유럽이 몽골의 직접적인 지배를 피할 수 있는 계기가 되었고, 유럽은 이후 자체적인 국가 체제와 경제적 부흥을 이어갈 수 있었죠.

1271년, 칭기즈 칸의 손자인 쿠빌라이 칸은 중국을 완전히 정복하고 원나라를 세웠습니다. 쿠빌라이 칸의 통치는 중국과 몽골의 문화를 결합하며 동아시아의 새로운 질서를 만들었으나, 그의 사후 몽골제국은 점차 분열되기 시작했습니다.

더 깊게 읽기 → p.232

마르코 폴로
《동방견문록》 집필

1298년

1298년, 마르코 폴로가 20년 넘게 동방을 여행하고 쓴《동방견문록》을 발표했습니다. 이 책에는 그가 방문했던 중국의 원나라를 비롯해 인도, 페르시아, 동남아시아 등 다양한 지역의 문화와 풍습, 경제, 정치에 대한 생생한 기록이 담겨있습니다. 마르코 폴로는 실크로드를 따라 중국에 도달했으며, 원나라의 쿠빌라이 칸과 교류하며 그 궁정의 모습을 상세히 묘사했습니다. 또한, 동남아시아와 인도를 거쳐 해로를 통해 귀국하며 자신이 본 이국적인 풍경을 책에 담았죠.

《동방견문록》의 내용이 하도 기상천외해서 이 책의 내용이

《동방견문록》은 유럽에서 《성경》 다음으로
많이 읽힌 책이라는 평가를 받은 중세 최고의 베스트셀러였다.
본문에서는 유럽인들이 가보지 않은 지역에 대한 지리적 위치,
주민들의 종교 및 생활 습관, 언어, 정치적 상황 등을 자세하게 묘사했다.

허구라는 주장도 있습니다. 하지만 책의 상당 부분이 사실임이
입증됐고, 전체적으로 객관적인 사실을 전달하려는 노력이 본
문에서 엿보이기도 합니다. 그렇기 때문에 이 책은 그 당시 세상
이 어땠는지를 연구하는 데 없어서는 안 될 귀중한 자료입니다.
《동방견문록》은 동방에 대한 서양인들의 호기심을 자극했고, 이
후 대항해시대가 시작된 계기가 되었습니다.

흑사병의 창궐

1347~1351년

1347년, 몽골군은 흑해 연안에 있는 카파Caffa를 공격했습니다. 이 전투에서 몽골군은 흑사병으로 죽은 시체를 투석기에 담아 성안으로 쏘아 보냈죠. 얼마 후 흑해에서 온 12척의 배가 시칠리아의 메시나 항구에 도착했습니다. 배 안에서 사람들은 끔찍한 광경을 목격했죠. 선원 대부분이 이미 죽은 상태였고, 살아 있는 사람은 온몸이 검은색 종기로 덮여 있었죠.

얼마 안 돼 흑사병은 유럽 전역으로 빠르게 전파됐습니다. 몽골제국의 확장으로 다양한 지역이 연결된 결과, 아시아에서 시작된 흑사병이 유럽까지 급속도로 퍼질 수 있었던 거죠. 흑사

작품의 제목마저도 〈흑사병〉인 이 그림에는
보이는 그대로 전염병의 참담한 모습이 드러나 있다.

병은 전날 멀쩡했던 사람이 다음 날 아침 죽어서 발견될 정도로
매우 치명적이었습니다. 이후 3년 동안 유럽 인구의 3분의 1에
서 절반 가까이가 흑사병으로 사망했다고 합니다.

백년전쟁

1337~1453년

흑사병이 창궐한 와중에 잉글랜드와 프랑스 사이에 전쟁이 벌어졌습니다. 무려 116년 동안 이어졌다고 해서 '백년전쟁'이라는 이름이 붙여졌죠.

백년전쟁은 프랑스 왕위 계승 문제와 잉글랜드와 프랑스 간의 영토 분쟁에서 비롯되었습니다. 특히 잉글랜드 국왕 에드워드 3세가 프랑스 왕위를 주장하면서 갈등이 격화되었습니다. 전쟁의 다른 배경으로는 양국의 경제적 이해관계도 있었는데요. 프랑스 플랑드르 지방의 모직물 산업이 잉글랜드의 양모 수입에 크게 의존하고 있었던 점이 중요한 요인이었습니다.

전쟁은 1337년에 시작되었고, 양국은 여러 차례에 걸쳐 승리와 패배를 주고받았습니다. 전쟁 초기 영국은 크레시 전투(1346년)와 푸아티에 전투(1356년)에서 장궁longbow 부대를 활용해 대승을 거두었습니다. 하지만 프랑스에서 잔 다르크가 등장하며 반격의 계기를 마련했습니다. 1429년, 잔 다르크는 오를레앙 전투에서 프랑스를 승리로 이끌며 프랑스군의 사기를 크게 높였습니다. 이후 프랑스는 점차 전세를 뒤집으며 1453년, 보르도 전투에서 최종적으로 승리해 전쟁을 끝냈습니다.

백년전쟁은 중세 유럽 사회의 변화에 큰 전환점이 되었습니다. 전쟁을 통해 중앙집권적 국가 체제가 강화되었고, 봉건제도가 약화되었으며, 전쟁 기술과 군사 조직이 발전할 수 있었죠.

백년전쟁이 끝난 후에도 잉글랜드는 평화를 되찾을 수 없었습니다. 내란인 장미전쟁(1455~1487년)에 휘말린 것입니다. 이 전쟁은 요크가와 랭커스터가 사이의 왕위 계승 다툼으로, 결국 튜더 왕조가 등장하며 종식되었습니다.

정확하게 추산하기는 어려우나 백년전쟁과 장미전쟁 기간 동안 수십만 명이 희생된 것으로 추정됩니다. 이처럼 14세기 유럽은 흑사병과 전쟁으로 무수히 많은 사람이 죽어가는 최악의 시기였습니다.

Modern Period
근세와 근대 주요 사건 연표

1517년
종교 개혁

독일의 수도사 마르틴 루터가 가톨릭교회의 면죄부 장사를 비판하는 95개 조 반박문을 발표하면서 기독교 내부의 대규모 개혁 운동이 일어났습니다.

1368년
명나라 건국

주원장이 원나라를 북쪽으로 쫓아내고 건국한 마지막 한족 통일 왕조로, 276년간 존속했습니다.

1350년경
르네상스 시대

르네상스는 14세기부터 16세기 사이에 유럽에서 일어난 문예부흥 운동을 말합니다.

1588년
스페인 무적함대의 몰락

스페인의 무적함대와 영국 해군의 해전에서 스페인이 패배하면서 스페인의 해군력이 크게 약화되었습니다.

1453년
동로마제국 멸망

동로마제국의 수도였던 콘스탄티노폴리스가 오스만제국의 술탄 메흐메트 2세에게 함락당하며 멸망했습니다.

1618~1648년
30년 전쟁
신성로마제국을 비롯한 중부
유럽에서 벌어진 대규모의
전쟁으로, 유럽사에 엄청난
변화를 몰고왔습니다.

1914~1918년
제1차 세계대전
20세기 최초의
대규모 국제 분쟁으로,
영국·프랑스·러시아 등의
연합국과 독일·오스트리아
등의 동맹국 사이에 벌어진
전쟁입니다.

1789년
프랑스 대혁명
프랑스 대혁명은 프랑스의
국가 체제를 바꾸고 민주주의
발전에 크게 기여했다고
평가받습니다.

1592~1598년
임진왜란
도요토미 히데요시가
이끄는 일본군이 조선을
침략하여 시작된 전쟁으로,
이후 명나라가 참전하면서
국제전으로 확산되었습니다.

1861~1865년
미국 남북전쟁
미국에서 노예제도를
폐지하자고 주장하는 북부와
노예제도의 존속을 주장하는
남부 사이에 일어났던
내전입니다. 미국의 노예제는
남북전쟁에서 남부가
패배함으로써 폐지되었습니다.

근세와 근대

르네상스부터 제1차 세계대전 발발까지

1347년, 흑사병이 유럽을 휩쓸어 유럽 인구의 3분의 1 가량이 사망했습니다. 노동력 감소로 기존 사회구조가 붕괴했고, 결국 중세 시대가 막을 내리게 됩니다. 노동력이 귀해지자 농민들은 영주 밑에서 농사짓기보다는 더 많은 보상이 기다리고 있는 도시로 몰려 상업이나 금융업에 종사하기 시작했습니다.

그동안 영주에 종속돼 생활하던 농민 중에서 상당한 부를 축적한 새로운 계급인 부르주아가 탄생했습니다. 이 시기 지방 영주의 권력이 약해진 반면에 왕권이 강화되면서, 봉건제에서 중앙집권적 체제로의 변환이 이루어졌습니다.

계속된 전쟁과 흑사병으로부터 가까스로 회복한 유럽에서는 르네상스라는 문화 부흥 운동이 일어났습니다. 르네상스를 기점으로 예술과 과학이 발전했고, 인문주의와 계몽주의 등 새로운 사상이 탄생하게 됩니다. 레오나르도 다빈치와 미켈란젤로 같은 위대한 예술가가 활약한 것도 이때였습니다.

르네상스는 학문과 과학기술에까지 영향을 미쳐서 코페르니쿠스가 지동설을 주장했고, 독일의 구텐베르크가 서양 최초로 금속활자를 발명했습니다. 또 항해술의 발전은 이후 유럽의 여러 나라들이 강대국으로 도약하는 발판이 되었습니다.

1492년, 콜럼버스가 아메리카 대륙을 발견하면서 대항해시대가 본격화됐습니다. 대항해시대가 되면서 세계는 하나로 연결됐고, 처음으로 지구가 둥글다는 것이 입증됐습니다. 이에 따라 유럽은 우월한 군사력으로 수많은 식민지를 건설해 막대한 양의 자원과 노예를 손에 넣을 수 있었습니다. 이로써 서양은 세계 패권 경쟁에서 확실한 우위를 점하게 됩니다.

하지만 서양의 수탈로 인해 수많은 원주민이 노예로 끌려가거나 죽임을 당했습니다. 특히 가장 피해가 극심했던 라틴아메리카에서는 잉카제국과 아스테카제국이 멸망했고, 인구 대다수가 유럽인이 가져온 질병으로 사망했습니다. 반면에 대항해시대로 막대한 부와 풍부한 천연자원을 확보하게 된 유럽은 산업혁명이라는 또 한 번의 도약을 이루게 됩니다.

1765년, 영국의 제임스 와트가 증기기관을 발명했습니다. 이를 통해 기존의 수공업 생산방식과는 비교할 수 없을 정도로 생산성이 올라갔습니다. 기계화된 공장 생산방식은 유럽 전역으로 퍼져 과학과 기술 혁신이 뒤따랐습니다. 이는 또 자본주의 경제가 뿌리내리는 배경이 되었습니다.

산업혁명으로 유럽의 인구가 급증했고, 사회는 부유한 자본가계급과 그들 밑에서 일하는 노동자계급으로 양분됐습니다. 하지만 심각한 빈부 격차와 열악한 노동환경은 공산주의가 탄생하는 계기가 되었습니다.

한편 동양에서의 근대는 서양보다 비교적 늦게 찾아왔습니다. 19세기까지 동양은 기존의 체제를 유지하고 있었지만, 서양의 발전을 목격하면서 근대화의 필요성을 깨닫게 됩니다. 특히 중국이 영국에 속수무책으로 패한 아편전쟁은 큰 충격을 줬습니다. 이후 중국뿐 아니라 일본과 조선 그리고 인도가 근대화를 이루려고 시도했지만, 확실한 성과를 거둔 나라는 메이지유신을 성공시킨 일본이 유일했습니다.

단테《신곡》발표

1321년

단테는 13세기 말 피렌체에서 태어났습니다. 젊은 시절부터 정치에 깊이 관여했지만, 정파 간 끊임없는 갈등으로 인해 결국 1302년 영구 추방되었습니다. 이런 고통스러운 망명 생활은 단테가《신곡》을 쓰게 된 결정적인 배경이 되었죠.

《신곡》은 단테가 자신의 영적 여정을 서사시로 풀어낸 작품입니다. 베르길리우스와 베아트리체의 인도를 받으며 지옥, 연옥, 천국을 여행하는 이야기는 중세 기독교의 세계관을 생생하게 보여줍니다. 당대의 정치적 갈등과 도덕적 딜레마를 예술적으로 표현하며, 인간의 성장 과정을 깊이 있게 탐구했죠.

20세기를 대표하는 작가 호르헤 루이스 보르헤스는 《신곡》을 이렇게 평했다.
"《신곡》을 읽지 않는다는 것은 문학이 우리에게 줄 수 있는
최고의 선물을 거절하는 것이다."

　　이탈리아어 문학의 획기적인 이정표로 평가되는 이 작품은
세속어로 쓰인 최초의 서사시로, 서양 문학의 발전에 큰 영향을
미쳤습니다. 특히 르네상스 시대 예술가들에게 깊은 영감을 주
었으며, 인간의 도덕적 여정을 보편적인 이야기로 승화시켰다는
점에서 문학사적 의의가 매우 크다고 평가받습니다.

르네상스 시대

1350년경

흑사병의 대유행은 유럽 사회에 큰 변화를 불러왔습니다. 인구 감소로 인한 노동력 부족으로 농노들의 지위가 상승했고, 이는 봉건제도의 약화로 이어졌습니다. 또한 교회의 권위가 흔들리면서 르네상스와 종교개혁의 토대가 마련되었습니다.

르네상스는 중세의 종교 중심적 세계관에서 벗어나 인간을 중심에 둔 새로운 사상의 물결이었습니다. 르네상스 시기에는 고대 그리스와 로마의 문화를 재발견하게 됩니다. 이는 곧 인문주의 사상과 함께 개인의 가치와 잠재력을 중요하게 여기는 문화적 혁명으로 이어졌습니다.

르네상스 시대 대표적인 화가인 산드로 보티첼리의 〈비너스의 탄생〉.
르네상스 미술의 특징은 신 중심의 문화에서 탈피해
그리스·로마 시대의 인간 중심의 문화를 보여준다.

1350년, 이탈리아에서 시작된 르네상스는 점차 유럽 전역으로 빠르게 퍼져나갔습니다. 특히 미켈란젤로와 레오나르도 다빈치 같은 예술가들이 예술의 새로운 지평을 열었습니다. 예를 들어, 미켈란젤로의 〈다비드상〉은 인간의 완벽한 육체미를 보여주었고, 레오나르도 다빈치의 〈모나리자〉는 초상화의 새로운 기준을 제시했습니다.

한편 과학과 기술의 발전도 이루어졌습니다. 특히 구텐베르크의 인쇄술 발명은 지식의 확산에 혁명적인 변화를 가져왔습니다.

가마쿠라막부 시작

1185년

12세기 일본은 황족과 귀족들 사이의 권력 다툼으로 매우 혼란스러운 시기였습니다. 당시 일본은 헤이안 시대 말기로, 중앙 집권적 통치 체제가 급격히 무너지고 있었죠. 지방 무사들의 세력이 점점 커지면서 정치적 불안정성이 높아졌고, 이러한 상황에서 미나모토노 요리토모는 자신의 군사력을 바탕으로 '막부'라는 새로운 통치 체제를 만들었습니다. 이것이 바로 '가마쿠라막부'의 시작이었죠.

막부는 일본의 무사 정권을 뜻합니다. 무사 정권의 최고 권력자는 '쇼군'이라고 불렸습니다. 무사 정권은 전쟁과 정치를 동

막부는 쇼군이 실질적 통치자로서 군림하는 정권이다.
천황은 상징적인 존재로 정사에 관여하지 않았다.
서구와 접촉하기 전까지 막부는 일본의 독특한 사회 시스템을 만들었다.

시에 관리하는 독특한 통치 시스템으로, 쇼군을 중심으로 한 무
사들은 엄격한 계급제도와 무력을 바탕으로 사회를 통제했습니
다. 이 시스템은 이후 에도막부까지 약 700년간 일본 사회의 근
간이 되었고, 일본의 봉건제 문화와 무사도 정신을 형성하는 결
정적인 역할을 했습니다.

물론 당시 일본에는 천황도 존재했습니다. 하지만 가마쿠라
막부를 시작으로 천황은 점점 상징적 권력으로 전락한 반면, 쇼
군을 중심으로 한 무사 정권이 실질적으로 일본을 통치하게 됩
니다.

명나라 건국

1368년

1367년, 한족이 몽골을 몰아내고 명나라를 세웠습니다. 몽골 제국의 통치하에서 한족은 최하층민인 제4신분이었죠. 그러자 이에 불만을 품은 한족이 전국 각지에서 '홍건적의 난'을 일으켰습니다.

홍건적의 난은 백련교 신도들이 주축이 되어 일어난 대규모 반란으로, 붉은 머리띠를 상징으로 사용했습니다. 1351년 시작된 이 반란은 각지에서 독립적 세력으로 퍼져나가며 몽골제국의 통치에 큰 타격을 입혔습니다. 원나라의 과도한 세금 징수와 부패에 반발한 농민들이 대거 가담하면서 반란은 점차 정치적

색채를 띠게 되었습니다.

반란 세력 중 가장 두각을 나타낸 것은 가난한 농민 출신인 주원장이었습니다. 명나라를 건국한 주원장은 경쟁자들을 물리치고 북진을 계속한 끝에, 몽골을 중국 밖으로 몰아내는 데 성공했습니다. 이로써 중국은 다시 한번 한족의 차지가 되었습니다.

주원장은 몽골제국의 지배를 끝내고 한족의 자부심을 되찾으며 새로운 국가를 건설했습니다. 명나라는 민족적 정체성을 강조하며 유교를 국가 이념의 중심에 두었습니다. 주자학(성리학)이 국가의 공식 이데올로기로 채택되었으며, 과거제도를 부활시켜 능력 기반의 관료 체제를 확립했습니다.

또한 토지를 재분배하고, 세제를 개혁해 농민 생활을 안정시키고 생산력을 높였습니다. 대운하를 정비해 교역을 활성화하며 경제를 빠르게 회복시켰습니다. 문화적으로는 한족의 전통과 유교적 가치관을 강조하며, 북방 방어선을 강화하고 만리장성을 재건해 외세의 위협에 대비했습니다.

이처럼 명나라는 정치, 경제, 문화 전반에서 한족 중심의 질서를 재확립하며 강력한 국가로 발전해 나갔습니다.

더 깊게 읽기 →　p.281

동로마제국 멸망

1453년

1453년, 오스만제국이 동로마(비잔틴)제국의 수도 콘스탄티노플을 함락했습니다. 콘스탄티노플은 난공불락의 요새로 명성을 떨치면서 과거 수많은 침공을 막아냈습니다. 하지만 초대형 대포인 우르반 거포까지 동원한 오스만제국의 공세에 밀려 마침내 함락된 것이었죠. 우르반 거포는 당시로서는 혁명적인 무기로, 거대한 크기와 강력한 파괴력을 자랑하며 성벽을 뚫는 데 결정적인 역할을 했습니다.

이로써 무려 2,000년 넘게 지속된 로마제국이 최종적으로 멸망하게 됩니다. 동로마제국의 멸망은 세계사에 큰 영향을 끼쳤

콘스타티노플을 방어하던 테오도시우스 성벽은
콘스탄티노플이 난공불락의 도시라고 불릴만큼 견고하기로 유명했다.

습니다. 유럽은 동쪽 무역로를 잃게 되어 향신료 등 동방 자원
의 공급이 차단되었고, 이는 신항로 개척의 계기가 되었습니다.
동로마의 학자들이 이탈리아로 망명하며 고대 그리스와 로마의
학문을 발판으로 르네상스가 탄생했습니다.

한편, 오스만제국은 지중해와 동유럽의 강대국으로 부상하
며 유럽의 국제 질서에도 큰 변화를 가져왔습니다.

더 깊게 읽기 → p.186

콜럼버스
아메리카 대륙 탐험

1492년

1492년, 이탈리아의 탐험가 크리스토퍼 콜럼버스가 아메리카 대륙을 발견했습니다. 하지만 아메리카 대륙에 이미 원주민이 살고 있었기 때문에 발견했다는 말은 적합하지 않습니다. 게다가 콜럼버스가 도착하기 훨씬 전에 바이킹이 먼저 아메리카 대륙에 도착했다는 증거도 있습니다.

아이슬란드의 바이킹 탐험가 레이프 에릭손이 11세기 초, 북아메리카의 뉴펀들랜드 지역에 정착지를 건설했다는 사실이 현지의 바이킹 유적지 발굴로 확인되었습니다. 이는 유럽인의 신대륙 발견이 콜럼버스 이전에도 이루어졌음을 보여줍니다.

콜럼버스는 스페인 여왕 이사벨라의 지원을 받아 아시아로 가는 서쪽 항로를 개척하려는 목표로 항해를 시작했습니다. 1492년 10월, 콜럼버스는 대서양을 건너 현재의 바하마 제도에 도착했지만, 이를 아시아로 착각했습니다.

이후 쿠바와 에스파뇰라섬으로 항해를 이어갔으며, 그 과정에서 원주민들의 금과 자원을 강탈하고, 노예화하는 등 폭력적인 지배를 시작했습니다. 콜럼버스의 탐험은 유럽에 경제적 기회를 제공했지만, 원주민들에게는 전염병과 폭력으로 비극을 가져왔습니다.

콜럼버스의 항해는 대항해시대의 시작을 알렸습니다. 1494년 체결된 토르데시야스 조약에서 스페인과 포르투갈은 대서양을 기준으로 신대륙을 분할했습니다. 이후 유럽 강국들은 신대륙 자원을 확보하며 세계 경제를 변화시켰고, 세계화의 시작을 열었습니다.

더 깊게 읽기 →   p.290

종교개혁

1517년

1517년, 독일의 신학자 마르틴 루터가 로마 가톨릭의 부조리를 비판하는 95개 조 반박문을 내걸었습니다.

당시 교회는 면죄부를 판매해 재정을 확충했는데, 이는 신앙적 구원을 돈으로 살 수 있다는 왜곡된 믿음을 조장했습니다. 루터는 이러한 행위가 《성서》의 가르침에 어긋난다고 판단해 공개적으로 비판에 나섰습니다.

95개 조 반박문은 주로 면죄부 판매의 부당성을 지적하며, 인간의 구원은 오직 신앙과 하나님의 은총에 의해 이루어진다는 것을 강조했습니다. 또한 교황의 권위와 교회의 타락에 대한 비판을 담고 있어 종교적 개혁뿐 아니라 당시의 교회 중심 질서에 도전하는 혁명적인 내용을 포함하고 있었습니다. 루터는 신앙의 중심이 《성서》에 있음을 주장하며, 누구나 《성서》를 읽고 해석할 권리가 있다고 강조했습니다. 이 반박문은 라틴어로 작성되었지만, 곧 독일어로 번역되어 빠르게 퍼지며 유럽 전역에 큰 반향을 일으켰습니다.

종교개혁의 결과로 로마 가톨릭과 개신교가 분리됐습니다. 종교개혁은 단순히 종교적 변화만을 가져온 것이 아니라, 유럽의 정치적, 사회적 구조에도 큰 영향을 미쳤습니다. 예를 들어, 각국의 언어로 번역된 《성서》는 민족국가의 발전을 촉진했고, 교회의 권위에 대한 도전은 근대적 사고의 발전에 기여했습니다.

루터는 진정한 회개를 호소하면서, 면죄부의 허상을 고발했다.
95개 조항은 일부나마 기독교의 가르침을 회복시켰고,
인류 역사의 방향을 바꾸는 계기를 제공했다.

마젤란의 지구 일주 항해

1522년

1522년, 페르디난드 마젤란의 함대가 수많은 역경 끝에 처음으로 지구 일주 항해에 성공했습니다. 처음 출발한 270명의 선원 중에서 겨우 18명 만이 살아 돌아왔을 정도로 이들의 항해는 고난의 연속이었죠.

마젤란은 태평양을 횡단한 최초의 유럽인입니다. 긴 항해 당시에는 심각한 식량 부족과 괴혈병에 시달렸죠. 1521년, 필리핀에 도착한 그는 세부섬에서 현지 부족과 동맹을 맺었으나, 인근 부족과의 전투에서 그만 전사하고 말았습니다.

남은 함대는 사령관 후안 세바스티안 엘카노의 지휘 아래 말

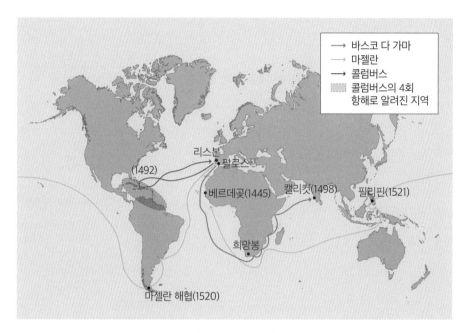

콜럼버스, 마젤란, 바스코 다 가마의 항해 경로를 표시한 지도.
이들의 항해를 바탕으로 대항해시대가 본격적으로 시작되었고,
유럽의 문화와 기술이 유럽 바깥으로 확산되었다.

루쿠 제도(현재의 인도네시아)를 거쳐 인도양과 희망봉을 지나 스페인으로 귀환했습니다. 출발 당시 5척의 배와 270명의 선원이 있었으나, 단 한 척의 배인 '빅토리아호'와 선원 18명만이 살아남아 돌아오게 됩니다.

마젤란의 세계 일주는 지구가 둥글다는 사실을 실증적으로 증명했으며, 이는 중세적 세계관을 극복하고 근대 과학의 발전을 촉진하는 계기가 되었습니다.

지동설

1500년경

중세 유럽에서는 지구가 우주의 중심이라는 '천동설(지구중심설)'이 오랜 기간 정설로 여겨졌습니다. 그러나 르네상스와 대항해시대를 거치며 자연을 관찰하고 새로운 진리를 탐구하려는 움직임이 일어났습니다. 그 시작점이 바로 '지동설'입니다.

지동설은 폴란드의 천문학자 코페르니쿠스가 태양을 중심으로 행성들이 공전한다고 천체의 운동을 설명한 이론입니다. 하지만 이 이론은 기존 종교적 신념과 충돌했고, 로마 가톨릭교회는 이를 신성모독으로 간주하며 강하게 반발했습니다.

이후 갈릴레오 갈릴레이는 망원경을 통해 목성의 위성과 금

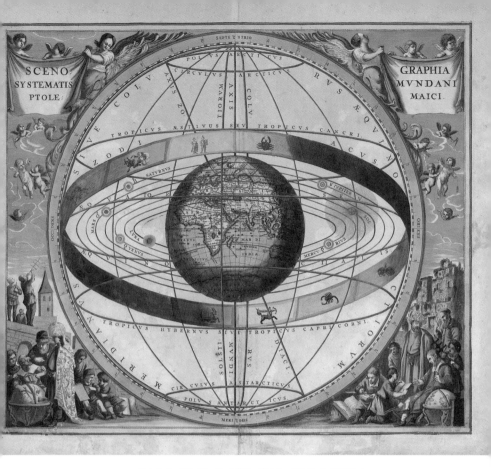

지구가 움직인다는 혁명적인 이론을 어떻게 받아들일지
예상하기 어려웠기 때문에 코페르니쿠스는 출판을 망설였다고 한다.

성의 위성을 관찰하며 지동설을 입증했지만, 종교재판에서 이를
철회하도록 강요받기도 했습니다.

지동설은 단순한 천문학 이론을 넘어, 관찰과 실험을 통해
진리를 탐구하는 과학적 사고의 중요성을 강조했습니다. 인간이
우주의 중심이 아니라는 깨달음은 세계관을 변화시켰고, 근대
과학 혁명의 출발점이 되었습니다.

스페인 무적함대의 몰락

1588년

1533년, 스페인이 우월한 군사력을 앞세워 아메리카 대륙의 아스테카 제국과 잉카제국을 멸망시켰습니다. 아메리카 대륙의 식민지로부터 막대한 수익을 올린 스페인은 유럽 최강국으로 발돋움하게 됩니다. 그러나 유럽에서는 이슬람 세력의 위협이 여전히 이어지고 있었습니다.

1571년, 오스만제국은 지중해에서 세력을 확대하려 했고, 이에 맞서 스페인과 베네치아, 교황령 등이 연합하여 대규모 함대를 조직했습니다. 그리스 서부 해안의 레판토에서 해전이 벌어졌으며, 기독교 동맹군이 오스만 함대를 크게 격파하며 승리했

프랜시스 드레이크가 지휘하는 영국 해군은
스페인 카디즈항을 기습해 엄청난 승리를 거뒀다.

습니다.

레판토해전의 승리로 이슬람 세력의 유럽 진출이 저지됐죠. 이 해전에서 크게 활약한 스페인 함대는 무적함대라는 별명을 얻었습니다. 하지만 스페인의 전성기는 오래가지 못했습니다.

1588년 스페인의 무적함대가 영국 해군에 패함으로써 스페인이 몰락하게 됩니다. 이 승리로 용기를 얻은 영국은 그때까지 스페인과 포르투갈이 주도하던 식민지 경쟁에 뛰어들게 됩니다.

더 깊게 읽기 → p.291

30년 전쟁

1618 ~ 1648년

1618년부터 1648년까지 독일을 중심으로 벌어진 30년 전쟁은 유럽의 판도를 뒤흔든 대규모 국제 전쟁이었습니다. 시작은 종교 갈등이었습니다. 신성로마제국의 황제 페르디난트 2세가 가톨릭 신앙을 강요하자, 개신교 귀족들이 크게 반발했죠. 이 갈등은 보헤미아에서 터진 '프라하 투척 사건'으로 불붙었습니다. 격분한 개신교 귀족들이 가톨릭 관리들을 창문 밖으로 던져버린 이 사건은 곧 전쟁의 신호탄이 되었습니다.

전쟁 초반, 신성로마제국은 개신교 세력의 반란을 진압하려 했으나, 덴마크와 스웨덴 같은 외부 세력이 개입하면서 갈등이 커졌습니다. 스웨덴 국왕 구스타프 2세는 명석한 전략과 강력한 군대를 앞세워 개신교 진영의 영웅으로 떠올랐습니다. 그는 뤼첸 전투에서 대승을 거두었지만, 안타깝게도 전장에서 목숨을 잃으며 개신교 진영에 큰 타격을 입혔습니다.

그런데 전쟁이 길어지자, 더 이상 종교는 중요하지 않았습니다. 프랑스는 가톨릭 국가임에도 스페인과 신성로마제국을 견제하려 개신교 편에 섰습니다. 이른바 '적의 적은 나의 친구' 전략이었죠. 1643년, 프랑스군은 로크루아 전투에서 스페인군을 완전히 격파하며 전쟁의 흐름을 바꿨습니다.

30년 동안 이어진 이 전쟁은 1648년, 베스트팔렌 조약을 맺으며 끝났습니다. 이 조약은 각국이 종교와 정치적 자치를 선택할 수 있는 권리를 인정하며, 근대 유럽의 주권 국가 체제의 기틀을 마련했습니다. 그러나 전쟁의 가장 큰 피해자는 독일이었습니다. 30년 동안 독일 인구의 3분의 1이 사망했고, 경제와 사회가 완전히 붕괴했습니다. 신성로마제국은 사실상 해체되었고, 독일은 수백 개의 작은 나라들로 분열됐습니다.

30년 전쟁은 단순한 종교전쟁을 넘어, 유럽의 국제 질서를 뒤바꿨습니다. 종교가 아닌 국가적 이익이 우선시되는 새로운 시대의 서막을 열며, 근대적 정치 체제로의 전환을 이끈 중요한 사건이었습니다.

산업혁명

1760년경

산업혁명은 18세기 후반 영국에서 시작된, 세상을 완전히 뒤바꾼 거대한 변화의 물결이었습니다. 당시 상황을 살펴보면 농업혁명으로 먹을거리는 늘고, 인구는 급증했으며, 석탄과 철이 넘쳐났습니다. 해상 무역으로 쌓은 자본과 식민지 시장까지, 영국은 산업혁명의 완벽한 조건을 갖춘 셈이었죠.

첫 신호탄은 섬유 산업에서 시작되었습니다. 존 케이의 플라잉 셔틀과 제임스 와트의 증기기관은 섬유 생산 속도를 폭발적으로 늘리며 공장의 시대를 열었습니다. 사람들은 농촌을 떠나 도시로 몰려들었고, 도시는 기계 소리로 가득 찼습니다. 증기기

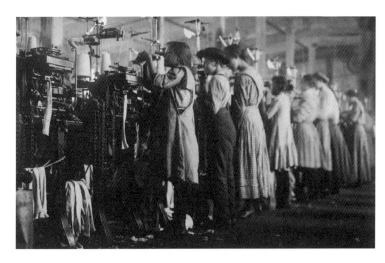

방직기가 수력이나 증기기관에 의해 작동하게 되면서
근로자가 직접 힘을 쓰는 일이 줄어들었고,
이는 성인 남성 대신 어린이나 청소년을 고용하는 상황으로 이어졌다.
당시 부모들은 자녀를 공장에 취직시켜 돈을 벌어오게 하기도 했다.

관은 기차와 배를 움직이며 세상을 더 가깝게 만들었고, 이 혁신은 자본주의의 확산과 도시화, 대규모 생산 체제를 가져왔습니다.

하지만 산업혁명은 노동자들의 혹독한 현실도 함께 가져왔습니다. 열악한 환경 속에서 착취 당한 노동자들은 노동조합 운동을 전개하며 사회주의를 받아들이며 새로운 변화를 예고했습니다. 산업혁명은 단순한 기술 혁신이 아니라, 세상을 보는 방식과 사는 방식을 모두 바꿔버린, 역사상 가장 드라마틱한 변화였던 셈이죠.

근대사의 결정적인 장면 13

미국의 독립선언

1776년

미국의 독립선언은 단순한 독립이 아니라, 새로운 시대의 시작을 알린 대담한 선언이었습니다. 이 이야기는 1607년, 영국 이주민들이 지금의 버지니아주 제임스타운에 첫 식민지를 건설하며 시작됩니다. 경제적 기회를 찾으려는 이들과 종교적 박해를 피해 온 사람들이 척박한 땅에서 담배 농사를 일구며 살아갔죠. 대서양 연안을 따라 형성된 13개 식민지는 시간이 흐르며 영국 본국과 점차 갈등을 빚기 시작했습니다.

18세기 후반, 영국은 프랑스와의 전쟁 비용을 충당하기 위해 식민지에 잇따른 세금을 부과했습니다. 차세, 인지세 같은 세금

108

폭탄은 식민지 주민들의 분노를 일으켰고, 1773년 '보스턴 차 사건'을 통해 분출되었습니다. 보스턴 차 사건 이후 1775년, 렉싱턴Lexington과 콩코드Concord 전투에서 첫 총성이 울리며 독립전쟁이 시작되었습니다.

조지 워싱턴이 이끄는 대륙군은 초반에 고전했지만, 1777년 새러토가 전투에서 승리하며 프랑스와 스페인의 지원을 끌어냈습니다. 전쟁은 1781년, 요크타운 전투에서 영국군이 항복하며 사실상 끝나게 됩니다.

1783년, 파리 조약으로 미국의 독립이 공식화되었습니다. 독립선언은 자유와 평등이라는 혁명적 가치를 담아내며 유럽과 라틴아메리카 독립운동에 영감을 주었습니다. 이후 미국은 독립을 발판으로 영토를 서쪽으로 확장하며 오늘날의 강대국으로 성장했습니다.

더 깊게 읽기 → p.298

프랑스대혁명

1789년

1789년, 프랑스대혁명이 일어났습니다. 혁명의 시작은 부패한 지도층을 몰아내기 위해 시작된 민란이었습니다. 프랑스대혁명으로 프랑스의 왕 루이 16세를 비롯해 수많은 귀족이 목숨을 잃었죠. 프랑스대혁명은 또한 나폴레옹이라는 한 야심가가 권력을 얻게 된 계기이기도 했습니다.

프랑스대혁명은 단순히 한 나라의 변화를 넘어, 자유·평등·박애라는 혁명적 이념을 전 세계에 확산시켰습니다. 유럽의 봉건 질서를 무너뜨리고, 현대 민주주의와 시민권 개념을 확립하는 데 결정적인 영향을 미친 사건이기도 합니다.

프랑스대혁명은 인류 역사에서 자유와 평등의 가치가 본격적으로
정치에 반영된 결정적인 순간이다.

　　1804년, 나폴레옹 보나파르트가 프랑스의 황제가 되었습니
다. 나폴레옹은 승승장구하면서 영국과 러시아를 제외한 유럽 대
부분을 제패했죠. 하지만 러시아 원정이 실패로 끝났고, 1815년
워털루 전투에서 결정적으로 패배했습니다.

　　워털루 전투에서의 패배 후, 나폴레옹의 위치는 금방 불안정
해졌죠. 결국 영국 정부는 나폴레옹을 당시 영국의 통제하에 있
던 아프리카의 작은 섬인 세인트헬레나섬으로 추방했고, 1821년
그는 그곳에서 쓸쓸한 죽음을 맞이했습니다.

빅토리아 여왕 즉위

1837년

1837년, 빅토리아 여왕이 즉위해 대영제국의 최전성기를 이끌었습니다. 당시 프랑스는 기세가 한풀 꺾였고, 독일은 아직 통일 이전이었기 때문에 대영제국을 막을 세력은 존재하지 않았죠. 영국은 전 세계에 식민지를 건설해서 한때 지구 육지 면적의 4분의 1을 보유했을 정도니까요.

대영제국의 식민지 건설은 엘리자베스 1세 시대부터 시작되었습니다. 엘리자베스 여왕은 1588년, 스페인의 무적함대를 물리치며 영국의 해상 패권을 굳건히 했고, 이후 북미 지역에 식민지를 건설하기 시작했습니다. 1607년, 제임스타운을 세운 것이 그 시작이었죠.

17~18세기에는 대서양 삼각 무역을 통해 부를 축적하며 더 많은 식민지를 확장했습니다. 인도에서는 플라시 전투를 통해 프랑스와 현지 세력을 누르고 영국령 동인도회사가 주도권을 장악했습니다. 카리브해와 아프리카에도 식민지를 세우며 노예 무역을 통해 어마어마한 경제적 이득을 챙겼죠.

19세기 빅토리아 시대에는 나폴레옹 전쟁 이후 유럽 내 경쟁자들이 약화된 틈을 타 식민지 건설이 절정에 달했습니다. 특히 아프리카 대륙의 분할 과정에서 대영제국은 이집트 카이로부터 대륙의 남아프리카공화국 케이프타운까지 연결되는 거대한 제국을 완성했습니다. 그 영토가 너무 광범위해 지구상 어디에나 영국 영토에 해가 떠있기 때문에 대영제국은 '해가 지지 않는 나라'로 불리었죠.

빅토리아 여왕은 이 거대한 제국을 이끌며 상징적인 지도자 이상의 역할을 했습니다. 빅토리아 여왕 재위 시절, 영국은 산업 혁명을 통해 철도와 전신이 발달하며 세계를 연결했습니다. 또한 자유무역을 추진하며 대영제국의 경제적 지배력을 강화했습니다. 빅토리아 여왕은 1876년, 인도 여제의 칭호를 받으며 대영제국의 권위를 절정에 올려놓았습니다.

아편전쟁

1840년

19세기 초, 청나라는 도자기, 차, 비단 같은 고급품을 수출하며 막대한 부를 쌓은 경제 대국이었습니다. 하지만 외국 상품을 수입하는 것에는 관심이 없었고, 이에 따라 영국은 청나라와의 무역 적자로 골머리를 앓았습니다.

이를 해결하고자 영국은 인도에서 생산한 아편을 청나라에 밀수출하며 돈을 벌었는데, 문제는 아편이 청나라에서 엄청난 유행을 일으키며 사회를 망가뜨렸다는 점이었습니다. 이에 청나라는 아편 몰수를 선언하며 강력히 대응했고, 이 조치는 영국 상인과 정부를 자극하며 양국 간의 긴장을 고조시켰습니다.

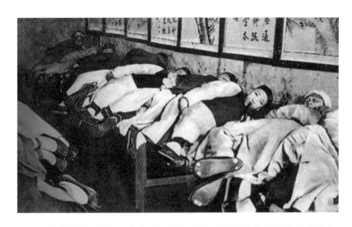

1800년 이전에는 청나라 전체 인구 3억 명 중 아편 중독자가 10만 명이었다.
그러나 아편전쟁 이후에도 아편 중독자는 계속 늘어나
20세기 초에는 4,000만 명이 아편에 중독되었다.

이런 상황에서 1840년, 아편전쟁이 일어났습니다. 청나라가
아편 수입을 금지하자, 이에 불만을 품은 영국이 청나라를 공격
해 아편전쟁이 시작되었죠.

신식 무기와 군함으로 무장한 영국 해군은 손쉽게 청나라군
을 격파했습니다. 이 전쟁에서 청나라의 허약한 실체가 드러났
고, 서구 열강의 아시아 진출이 본격화됐습니다.

아편전쟁의 결과로 체결된 난징 조약은 홍콩이 영국의 식민
지가 되는 계기가 되었습니다. 이는 중국의 '백년국치百年國恥'의
시작으로 여겨집니다.

더 깊게 읽기 →　p.283

미국 남북전쟁

1861 ~ 1865년

미국은 19세기 초, 산업화가 진행된 북부와 농업 중심의 남부 간 경제적·사회적 차이가 벌어지며, 노예제를 둘러싼 갈등이 심화되었습니다. 북부는 공장과 자본 중심의 경제 구조로 노예제를 반대했지만, 남부는 면화 재배 등 농업 경제를 유지하기 위해 노예제가 필수적이었습니다.

1861년, 미국에서는 노예제도를 폐지할지를 놓고 남부와 북부 간의 갈등이 극에 달해 있었습니다. 결국 미국은 남과 북으로 갈라져 치열한 내전을 벌였습니다. 남북전쟁이라 불리는 이 전쟁은 4년간 지속됐고, 민간인과 군인을 모두 합쳐 70만 명 이상이 사망했습니다.

전쟁 초기에는 전황이 남부에 유리했지만, 북부는 산업화된 경제와 인프라를 기반으로 전쟁 물자를 풍부하게 공급하며 전세를 뒤집었습니다.

1863년, 게티즈버그 전투로 북부는 결정적인 승리를 거두었고, 이후 남부는 급격히 힘을 잃게 됩니다. 또한 남북전쟁은 철도, 전신, 반복 장전 소총과 같은 신식 기술이 대거 동원된 최초의 현대적 전쟁이기도 했습니다.

전쟁은 노예제 폐지를 주장한 북부의 승리로 끝났지만, 북부의 링컨 대통령은 얼마 뒤 암살되고 맙니다. 이 사건은 미국 사회에 큰 충격을 주며, 사회를 혼란스럽게 했습니다.

노예제 폐지는 미국 내 평등의 시작을 알렸을 뿐만 아니라, 세계적으로도 해방운동에 큰 영향을 미쳤습니다. 노예해방은 인권의 가치를 강조하며 전 세계적으로 노동운동과 식민지 독립운동에 영감을 주었습니다.

더 깊게 읽기 → p.305

근대사의 결정적인 장면 18

일본 메이지유신

1868년

1868년, 일본이 메이지유신을 단행했습니다. 당시 국제 정세는 서구 열강이 아시아를 식민지로 삼으며 세력을 확장하던 시기였습니다. 일본은 미국과의 강제 개항 후, 서구 열강과의 불평등조약을 체결하며 국력이 뒤처졌다는 위기감을 강하게 느끼고 있었습니다.

서구 열강에 비해 힘이 턱없이 부족하다는 것을 깨달은 일본은 메이지유신을 통해 근대화를 이루고 강대국으로 도약할 발판을 마련했습니다.

메이지유신은 일본이 천황 중심의 중앙집권적 체제로 전환하며 근대화를 추진한 대대적인 개혁이었습니다. 봉건제를 폐지하고 징병제로 현대적 군대를 창설했으며, 철도와 통신망을 구축하고 서구의 과학기술과 교육제도를 받아들여 빠르게 산업화를 이루었습니다. 부국강병을 내세운 일본은 경제 발전을 통해 강대국으로 도약했습니다.

메이지유신은 세계사에도 큰 영향을 미쳤습니다. 일본은 근대화를 통해 청일전쟁과 러일전쟁에서 승리하며 동아시아 패권을 잡았습니다. 한편, 일본의 근대화는 아시아 국가들에도 서구 열강에 맞설 개혁과 근대화의 필요성을 일깨우는 계기가 되었습니다.

하지만 일본도 서구 열강과 마찬가지로 제국주의 노선을 걸으며, 동아시아에 큰 고통을 안겼습니다.

19세기 일본은 메이지유신을 통해
정치, 경제, 문화 등 전 분야에 걸쳐 근대화를 이루었다.

독일 통일

1871년

독일 통일은 19세기 유럽의 가장 드라마틱한 사건 중 하나였습니다. 신성로마제국 해체 이후 수백 개로 분열된 독일은 경제적 갈등 속에 혼란스러운 상태였지만, 프로이센이 1818년 관세동맹을 통해 경제적 통합을 시작하며 주도권을 잡았습니다.

이 과정에서 오스트리아는 배제되며 독일 통일의 중심은 점차 프로이센으로 이동했습니다. 관세동맹을 이끈 주역은 바로 철과 피의 정치가로 불리는 비스마르크였습니다. 그는 1866년, 프로이센-오스트리아 전쟁에서 승리하며 오스트리아를 제외한 북독일연방을 구성해 독일 통일의 기틀을 다졌습니다.

비스마르크는 1870년, 프랑스-프로이센 전쟁을 도발하며 독일 통일의 마지막 단계를 완성했습니다. 프랑스를 자극해 전쟁을 일으킨 비스마르크는 나폴레옹 3세를 꺾고 남부 독일 국가들을 통합했습니다. 1871년, 베르사유궁전에서 독일제국이 선포되고, 빌헬름 1세가 독일 황제로 즉위하며 독일은 통일된 제국으로 거듭났습니다.

비스마르크는 철도와 통신망 등 현대적 기반을 활용해 독일의 경제와 군사력을 증대시키고, 주변 강대국들을 교묘히 견제하며 독일의 성장을 안정적으로 도모했습니다. 독일 통일은 유럽의 힘의 균형을 뒤흔들며, 독일을 강대국으로 탈바꿈시켰습니다.

그러나 독일 통일은 그 과정에서 오스트리아와 프랑스와의 대립을 심화시켜 전쟁의 씨앗을 남겼다는 점에서, 근대 유럽 역사의 중요한 전환점이자 새로운 도전 과제를 남긴 사건이었습니다. 비스마르크의 '철혈정책'은 단순한 비유가 아니었고, 실제로 유럽의 역사를 피로 적시며 새로 쓰는 계기가 되었던 셈이죠.

전화 발명

1876년

전화기의 발명은 단순한 발명이 아니라, 소통의 혁명을 일으킨 하나의 사건이었습니다. 1876년, 벨은 음성을 전기로 전달하는 기계를 개발하며, 엘리샤 그레이를 비롯한 경쟁자들과 치열한 특허 전쟁을 벌였습니다. 1876년 2월 14일, 벨이 특허사무소에 몇 시간 먼저 도착하며 마침내 승리를 거머쥐었죠. 이후 법적 다툼이 이어졌지만, 벨의 기술적 우위가 인정되며 그는 전화기의 발명자로 역사에 이름을 남겼습니다.

벨은 "Watson, come here, I want to see you."(왓슨군, 이리로 와주게. 자네가 필요하네.)라는 말을 처음 전달했습니다. 이는 인간

벨이 발명한 전화는 자석식 전화기로,
전자석에 전류를 흘려주면 자석의 성질을 갖는 원리를 이용했다.

간의 물리적 거리를 없애는 새로운 시대의 서막이었습니다. 전화는 19세기 말부터 급속히 확산되며 즉각적인 의사소통을 가능하게 했고, 사회를 연결하는 네트워크의 시작이 되었습니다.

전화의 발명은 산업화와 도시화의 가속화는 물론, 전 세계를 하나로 연결하며 현대 정보화사회의 기반이 되었습니다.

러일전쟁

1904 ~ 1905년

1904년, 러시아제국과 일본 사이에 군사적 충돌이 일어났습니다. 러일전쟁의 배경은 만주와 조선 지배권을 둘러싼 갈등이었습니다. 하지만 더 넓게는 동아시아 지역의 패권을 두고 벌어진 전쟁이었습니다. 러시아는 만주를 통해 아시아로 세력을 확장하려 했고, 일본은 조선을 포함해 자신들의 영향력을 강화하려 했습니다. 양국의 이해관계가 충돌하면서 전쟁은 불가피하게 되었습니다.

1904년 2월, 일본은 러시아에 선전포고 없이 뤼순을 기습 공격하며 전쟁의 막을 열었습니다. 일본 해군은 러시아 발트 함대를 상대로 승리를 이어가며 해상을 장악했습니다. 육지에서는 일본군이 만주 지역으로 진격하며 러시아군과 대규모 전투를 벌였죠. 특히 1905년, 일본은 '쓰시마 해전'에서 결정적인 승리를 거두며 러시아 함대를 괴멸시켰습니다. 이는 역사적으로 손꼽히는 해군의 승리였습니다.

한편, 러시아는 전쟁 초기에 일본을 과소평가하는 바람에 일본의 공세에 속수무책으로 당했습니다. 러시아가 전쟁에서 패배한 이후 차르 정권에 대한 불만이 심화되었고, 노동자와 민중의 반발이 점차 커졌습니다. 이는 1905년, 제1차 러시아혁명의 도화선이 되었습니다.

결국 1905년, 러일전쟁에서 일본이 승리함으로써 일본은 열강의 대열에 합류하게 되죠. 반면 러시아 내에서는 러일전쟁의 패배가 혁명의 원인 중 하나로 작용하게 됩니다. 이처럼 러일전쟁은 일본의 부상과 러시아의 쇠퇴를 가져오면서, 20세기 초 아시아의 판도에 중대한 영향을 끼쳤습니다.

제1차 세계대전

1914 ~ 1918년

1914년, 제1차 세계대전이 발발했습니다. 전쟁의 직접적인 원인은 오스트리아 황태자 부부가 사라예보에서 암살된 사건이었죠. 하지만 전쟁이 일어난 근본적인 원인 중에는 '민족주의'가 있었습니다. 민족주의는 자국의 우월성을 강조하면서 이웃 나라 간의 적대감을 부추겼습니다. 그 결과 민족간의 갈등이 전쟁으로까지 번진 것이었죠.

전쟁 초기에는 독일과 오스트리아가 주축이 된 동맹 세력이 영국과 프랑스를 상대로 전쟁을 유리하게 끌고 갔습니다. 그러나 미국의 참전으로 전세가 역전되었죠.

미국은 처음에 이 전쟁에 관여하지 않으려 했습니다. 그러나 독일이 미국 상선과 민간 선박을 공격하자, 미국의 여론이 크게 악화됐습니다. 결정적으로 1917년, 독일이 멕시코에 미국을 공격하라고 제안한 '치머만 전보 사건'이 폭로되면서, 결국 미국은 참전을 결정했습니다.

전투 양상은 이전 전쟁들과는 완전히 달랐습니다. 참호전이 대규모로 벌어지며 전장은 시체로 가득 찼고, 독가스, 탱크, 항공기 같은 신무기가 대거 등장하며 전투는 더욱 치열해졌죠. 1916년, 베르됭 전투와 솜 전투는 100만 명의 이상의 사상자를 낳으며 제1차 세계대전의 참혹함을 단적으로 보여줬습니다. 1918년, 미국의 참전으로 동맹국 세력은 급격히 약화되었고, 독일은 끝내 항복을 선언하며 전쟁은 막을 내렸습니다. 결국 독일의 항복으로 끝난 이 전쟁은 전사한 군인만 1,000만 명에 육박했을 정도로 피해가 엄청났습니다.

제1차 세계대전은 전쟁의 규모와 파괴력을 완전히 새롭게 정의하며 20세기 국제 질서를 재편하는 계기가 되었습니다. 또한, 전쟁 후 체결된 베르사유조약은 새로운 갈등의 씨앗을 뿌리며, 제2차 세계대전으로 이어지는 원인을 제공했습니다.

더 깊게 읽기 → p.310

Contemporary History
현대 주요 사건 연표

1941~1945년
태평양전쟁

일본이 하와이의 진주만 해군
기지를 기습 공격하면서
미군의 전함과 항공기들에 큰
타격을 입혔습니다.

1929년
대공황

미국 역사상 가장 길었던
경제위기로, 1929년의 검은
목요일로 알려진 월스트리트
대폭락으로 촉발되었습니다.

1917년
러시아혁명

볼셰비키가 주도한 두 차례
혁명으로 로마노프 왕조가
무너지고, 세계 최초의
공산주의 국가인 소련이
탄생했습니다.

1948~1949년
제1차 중동전쟁

이스라엘 건국과 이로 인한
팔레스타인 문제로 이집트,
요르단, 시리아, 레바논,
이라크 등 5개국 아랍
연합군과 이스라엘 간에
전쟁이 벌어졌습니다.

1939~1945년
제2차 세계대전

독일이 폴란드를 침공하며
전쟁이 시작되었습니다. 제2차
세계대전은 세계 역사에서
가장 참혹한 전쟁으로, 약
6,000만 명이 사망했습니다.

1950~1953년
한국전쟁

광복 후 한반도에 냉전체제가
조성되면서 남북에 별개의
정부가 수립되었고, 북한은
통일을 명분으로 남침을
개시했습니다.

1979년
이란 혁명

입헌군주제인 팔레비 왕조가
무너지고, 이슬람 종교
지도자가 최고 권력을 가지는
정치체제로 변화되었습니다.

1991년
소련 해체

소련의 마지막 지도자 미하일
고르바초프가 사임하면서
소련은 공식적으로 해체되고,
냉전 시대가 막을 내리게
됩니다.

1962년
쿠바 미사일 위기

미국 측의 첩보기 록히드
U-2에 의해 쿠바에서 건설
중이던 소련의 SS-4 준중거리
탄도 미사일(MRBM)
기지의 사진이 촬영되면서
미국과 소련의 대립이
시작되었습니다.

1949년
중국 공산화

중국공산당은 베이징을
수도로 중화인민공화국을
수립하여 중국 대륙을
공산화했습니다. 이는
중국사에 있어 대격변의
사건으로 평가받습니다.

현대

혁명의 시대를 지나 냉전 체제로

언제부터가 현대인지를 나누는 기준은 모호하지만 보통 20세기 초, 또는 제2차 세계대전 이후를 현대로 분류하고 있습니다. 다시 말해, 지금 우리가 살고 있는 시대를 현대라고 말합니다.

현대의 가장 큰 특징은 과학과 교통 그리고 통신 기술의 발달로 세계가 비로소 하나로 연결됐다는 것입니다. 이제 세계는 다양한 문화와 이념을 공유하며 서로 지대한 영향을 끼치고 있습니다.

수천만 명의 사상자를 낸 제2차 세계대전을 겪으면서 세계 패권의 중심은 유럽에서 미국과 소련 양극 체제로 넘어갔습니다. 미국을 중심으로 한 자유주의 진영과 소련을 중심으로 한 공산주의 진영 간의 경쟁을 '냉전'이라고 부릅니다. 하지만 공산주의 체제는 많은 허점을 드러냈고, 결국 1991년 소련이 붕괴되면서 냉전이 종식됐습니다.

소련이라는 강력한 경쟁자가 없어진 상황에서 미국이 경제적, 군사적 초강대국으로 부상했습니다. 브레턴우즈 회의에서 미국은 달러를 기축통화로 만들어 세계 경제의 중심이 되었고, 강력한 군사력을 앞세워 세계 경찰 역할을 자청했습니다. 미국은 한국전쟁과 베트남전쟁, 걸프 전쟁에 개입했고, 북한이나 이란에 제재를 가하면서 해당 지역의 평화를 지키려고 했습니다.

하지만 이에 불만을 품은 여러 세력이 미국에 도전하고 있습니다. 대표적으로는 중국과 러시아, 이란을 들 수 있습니다. 중국은 군에 막대한 투자를 해서 단시간에 중국군을 미군 다음가는 수준의 강군으로 성장시켰습니다. 최근 중국은 대만을 차지하겠다는 야욕을 노골적으로 드러내고 있습니다.

러시아도 우크라이나를 침공해 수년간 전쟁을 벌이고 있고, 이란은 미사일 공격과 테러 단체 지원을 통해 이스라엘을 위협하고 있습니다. 현재 전 세계적으로 또다시 전쟁이 끊이지 않고 있습니다. 그런데 이런 상황에서 미국이 세계 경찰 역할에 염증을 느끼고 있어서, 세계는 다시 각자도생의 시대로 진입할 수도 있다는 분석이 있습니다. 게다가 순식간에 전쟁의 판도를 바꿀 수 있는 핵무기라는 변수가 있어서 한 치 앞도 내다볼 수 없습니다.

우리가 역사를 통해 배울 수 있는 사실은 그 어떤 시기에도 혼란과 위기가 있었다는 것입니다. 그리고 위기에 어떻게 대처하는지에 따라 위기를 오히려 기회로 바꿨던 예도 적지 않게 찾아볼 수 있습니다. 임진왜란이 일어나기 직전에 일본을 둘러보고 돌아온 김성일은 일본이 침략하지 않을 거라면서 선조를 안심시켰죠. 하지만 역사가 증명하듯 낙관론은 크게 도움이 되지 않습니다. 오히려 최악의 상황을 가정해 미리 준비하는 것이 전쟁을 예방하고 위기를 극복하는 데 더 큰 도움이 됩니다.

현대사의 결정적인 장면 1

러시아혁명

1917년

1917년, 러시아혁명이 일어나기 전, 러시아는 극심한 사회적, 경제적 위기에 시달리고 있었습니다. 제1차 세계대전으로 막대한 인명 피해와 경제적 손실을 입었고, 농민과 노동자들은 기근과 착취 속에서 고통받고 있었습니다. 황제 니콜라이 2세의 무능한 통치는 민중들의 불만을 폭발시키는 도화선이 되었습니다. 1917년, 블라디미르 레닌이 주도한 러시아혁명으로 러시아제국이 무너지고 세계 최초의 공산국가인 소비에트 공화국이 탄생했습니다.

러시아혁명은 2단계로 진행되었습니다. 2월 혁명에서는 니

프롤레타리아 독재를 앞세운 볼셰비키가 10월 혁명으로 정권을 탈취하며
러시아제국의 수도였던 상트페테르부르크를 붉게 물들이고 있다.

콜라이 2세가 퇴위하며 임시정부가 수립되었으나, 곧 민중의 지
지를 잃었습니다. 10월 혁명에서는 레닌과 볼셰비키가 무혈 쿠
데타로 임시정부를 전복하고, 새로운 공산 정권을 수립했습니다.

소련의 탄생은 세계사에 거대한 파장을 일으켰습니다. 자본
주의 국가와 공산주의 국가 간의 대립은 냉전 체제를 형성하며,
20세기 국제 질서의 주요 축이 되었습니다. 또한 공산주의 사상
은 전 세계로 확산되어, 아시아, 아프리카, 라틴아메리카의 독립
운동과 혁명에 강력한 영향을 미쳤습니다.

대공황

1929년

1929년, 대공황이 시작됐습니다. 대공황의 배경에는 1920년대 미국의 경제적 번영 뒤에 감춰진 취약점들이 있었습니다. 과도한 주식 투기는 거품을 키웠고, 농업과 제조업에서는 과잉 생산이 이뤄지면서 시장균형을 무너뜨렸습니다.

결국 1929년 10월, 주식시장이 폭락하며 대공황이라는 경제적 재앙의 문이 열렸습니다. 대공황으로 인해 많은 사람이 일자리를 잃고 거리로 내몰렸습니다. 가장 큰 타격을 받은 나라는 독일과 일본이었습니다. 독일에서는 대공황의 혼란을 틈타 히틀러가 정권을 잡았죠. 그리고 일본도 만주와 중국을 침략하는 등 점

대공황 당시 무료 급식을 받기 위해 긴 줄을 선 모습.
에릭 홉스봄은 《극단의 시대》에서 "경제 붕괴의 충격(대공황)을 이해하지 않고선
20세기 후반의 세계를 이해할 수 없다"고 썼다.

차 극단적인 군국주의 노선을 걷게 됩니다.

이 절망적인 상황에서 미국의 루스벨트 대통령은 뉴딜 정책을 통해 대공황 타개를 시도했습니다. 공공사업을 대규모로 추진해 일자리를 창출하고, 은행 시스템을 개혁해 금융 안정성을 확보했으며, 사회보장제도를 도입해 경제적 안전망을 강화했죠. 뉴딜 정책은 단순히 경제 회복에 그치지 않고, 미국 사회를 현대적 복지국가로 변화시키는 계기가 되었습니다.

더 깊게 읽기 →　　p.308

제2차 세계대전

1939 ~ 1945년

1939년, 인류 역사상 최악의 비극으로 꼽히는 제2차 세계대전이 일어났습니다. 제1차 세계대전 이후 독일, 이탈리아, 일본 같은 전체주의 국가들의 팽창주의가 더해지며 전쟁이 시작되었습니다.

전쟁 초기에는 독일과 이탈리아가 유럽 대부분을 차지하면서 승리할 것처럼 보였습니다. 그런데 또다시 미국이 참전하면서 전세가 역전됐습니다. 미국과 연합국은 노르망디 상륙에 성공하면서 독일을 밀어붙였고, 동쪽에서는 소련군이 독일의 수도인 베를린을 향해 진격했습니다.

홀로코스트는 나치 독일 정권이 600만 명의 유럽계 유대인들을
조직적으로 학살한 사건이다.

　　결국 1945년 5월, 베를린이 소련군에 함락되면서 나치 독일
이 패망했습니다. 이 전쟁에서 무려 7,000만 명 이상이 사망했는
데 유독 민간인의 피해가 컸습니다.

　　히틀러의 유대인 학살은 나치 이데올로기의 핵심이었습니
다. 그는 유대인을 독일 사회의 경제적, 정치적 위기의 원흉으로
몰아세웠고, 독일 민족만이 순수 아리아인이라는 왜곡된 이상을
내세우며 인종 청소를 정당화했습니다. 600만 명의 유대인이 조
직적으로 학살된 홀로코스트는 특히 악명이 높습니다.

현대사의 결정적인 장면 4

태평양전쟁

1941 ~ 1945년

1941년, 일본은 하와이 진주만에 있는 미국 해군 기지를 기습 공격했습니다. 진주만을 기습해 미국 함대에 큰 타격을 입힌다면, 승산이 있을 거라고 판단한 것이죠. 그때까지 미국은 중립을 지키면서 제2차 세계대전에 관여하지 않았습니다. 하지만 일본이 진주만을 공격하자 미국은 일본과 독일을 향해 전쟁을 선포했습니다. 미국의 참전은 제2차 세계대전의 전환점이 되었고 결과적으로 나치 독일이 패망하는 원인이 되었습니다.

태평양전쟁 초기, 일본은 진주만 공격 직후 필리핀, 싱가포르 등 동남아시아의 주요 거점을 빠르게 장악하며 기세를 올렸습니다. 하지만 미국의 막강한 전력과 군수 생산력은 일본의 승리를 허락하지 않았습니다.

태평양에서의 전황은 점점 미국에 유리하게 흘러가고 있었습니다. 미 해군의 전력이 일본을 압도했기 때문입니다. 미드웨이해전에서 결정적인 승리를 거둔 미국은 이오지마섬과 오키나와섬을 차지하면서 일본의 숨통을 졸랐습니다. 일본은 자살 특공대인 가미카제까지 동원하면서 필사적으로 대항했지만, 소용없었습니다.

결국 1945년 8월 6일, 미국은 일본 히로시마에 원자폭탄을 투하했습니다. 이는 역사상 최초로 전쟁에서 사용된 핵무기였습니다. 이 결정은 태평양전쟁을 가능한 한 빨리 종결지어 미군의 사망자 수를 최소화하기 위한 것이었습니다.

이후 8월 9일에는 나가사키에 두 번째 원자폭탄이 투하되었습니다. 이 두 번의 폭탄 투하를 통해 8월 15일에 일본의 무조건항복을 끌어냈습니다. 이로써 제2차 세계대전이 마침내 끝납니다.

제2차 세계대전의 종결은 국제 질서의 대격변을 가져와 UN 창설로 이어졌습니다. 또한, 냉전이라는 새로운 이념 대립의 시대를 열었습니다.

더 깊게 읽기 → p.310

브레턴우즈 협정

1944년

제2차 세계대전 후의 세계 경제를 재구축하기 위해 1944년 7월, 미국 뉴햄프셔주 브레턴우즈에서 44개국이 참여한 회의가 열렸습니다. 이때 맺은 브레턴우즈 협정으로 미국의 달러가 기축통화가 되면서 미국을 중심으로 한 국제 질서가 확립됐습니다.

브레턴우즈 협정은 달러를 중심으로 한 고정환율제를 도입해 세계 통화를 안정시키고, 무역과 투자를 촉진할 수 있는 기반을 마련했습니다. 이를 통해 각국은 경제 회복과 국제 무역의 부흥을 꾀할 수 있었습니다.

하지만 여기에 반발한 소련이 미국과 경쟁을 이어가며 냉전

미국 뉴햄프셔주 브레턴우즈에 위치한 마운트 워싱턴 호텔에서
44개 동맹국 대표단 730명이 브레턴우즈 회의를 위해 모였다.

시대가 열렸습니다. 이 협정은 또한 국제통화기금IMF과 세계은

행World Bank의 설립을 촉진하며, 전후 세계 경제의 재건에 기여

했습니다.

브레턴우즈 협정은 한동안 세계 경제를 안정적으로 이끌었

지만, 1971년 닉슨 대통령이 달러를 금과 연동하는 것을 중지하

며 무너졌습니다. 이후 세계는 고정환율제에서 변동환율제로 전

환되며 새로운 경제 질서가 자리 잡았습니다.

더 깊게 읽기 →   p.311

독일 분단

1945년

제2차 세계대전이 끝나고 패전국이 된 독일은 연합군이 주둔한 지역과 소련군이 주둔한 지역으로 나뉘게 됩니다. 서방 연합국은 민주주의와 자본주의를 지지하는 서독을, 소련은 공산주의 체제를 따르는 동독을 각각 구성했죠. 수도였던 베를린은 위치상 동독에 속했지만, 베를린도 동베를린과 서베를린으로 나뉘었습니다.

그런데 서독을 동경한 수백만 명의 동독 주민들이 베를린을 통해 서독으로 탈주했습니다. 서독은 높은 경제 성장과 자유로운 생활환경으로 동독 주민들에게는 약속의 땅처럼 보였기 때문입니다. 기록에 따르면, 베를린장벽이 설치된 1961년까지 무려 400만 명에 달하는 주민들이 동독에서 탈출했다고 합니다. 그러자 1961년, 소련과 동독 정부는 이를 막기 위해 그 유명한 베를린장벽을 설치했습니다.

1989년, 소련의 영향력이 약화되고 동유럽의 공산주의 정권이 붕괴되면서 베를린장벽도 무너지게 되었습니다. 이는 독일 통일의 서막을 열었을 뿐만 아니라, 냉전의 종식을 상징하는 역사적 사건으로 평가받습니다. 베를린장벽의 붕괴는 분단은 끝날 수 있다는 희망을 심어준 순간이었습니다.

베를린 장벽 붕괴는 독일 통일의 신호탄이자, 자유에 대한 열망이
역사를 어떻게 바꿀 수 있는지를 보여준 상징적인 사건이다.

제1차 중동전쟁

1948 ~ 1949년

1948년 5월 14일, 이스라엘이 건국을 선포했습니다. 이로써 로마에 의해 멸망한 지 2,000년 만에 유대 민족이 그들만의 국가를 갖게 되었습니다. 하지만 이스라엘 건국은 그 주변 아랍 국가들에는 날벼락 같은 소식이었습니다. 이집트, 시리아, 레바논, 요르단 등 아랍 국가들은 이스라엘이 건국을 발표한 바로 다음 날인 5월 15일, 이스라엘에 전쟁을 선포했습니다. 이를 제1차 중동전쟁이라고 부릅니다. 아랍 진영은 그 후에도 여러 차례 이스라엘을 공격했지만, 이스라엘은 번번이 공격을 막아냈습니다.

1956년 제2차 중동전쟁에서는 이집트가 수에즈운하를 국유화하며 긴장이 고조되었고, 이에 영국, 프랑스, 이스라엘이 연합해 이집트를 공격했습니다. 이스라엘은 군사적으로 승리했지만 국제적 비난 속에 철수해야 했습니다.

1967년 제3차 중동전쟁(6일 전쟁)에서는 이스라엘이 이집트, 시리아, 요르단을 선제공격해 압도적인 승리를 거두며 영토를 대거 점령했습니다. 이 승리는 이스라엘의 국력과 군사력을 전 세계에 각인시킨 사건이었죠.

1973년 제4차 중동전쟁(욤키푸르 전쟁)에서는 아랍 진영이 이스라엘의 성스러운 욤키푸르 축일을 기습해 초기에는 우세를 점했지만, 결국 이스라엘의 반격으로 패배하며 종전했습니다.

하지만 여전히 이 지역에는 종교와 지정학적인 이유로 분쟁의 불씨가 남아있습니다. 지금도 팔레스타인은 이스라엘의 정착촌 확대와 봉쇄 정책에 반발하며 저항을 이어가고, 이스라엘은 이를 테러로 간주하며 군사적 대응을 강화하고 있습니다. 수십 년간 이어진 이 갈등은 중동의 안정을 위협하며 국제적 논란의 중심에 놓여 있습니다. 오늘날 중동이 세계의 화약고라고 불리는 이유입니다.

더 깊게 읽기 →　p.211

중국 공산화

1949년

1949년, 중국은 격동의 시기를 지나고 있었습니다. 청나라가 멸망한 후 중화민국이 수립되었지만, 군벌 간의 내전과 일본 제국의 침략으로 국가는 혼란에 빠져 있었습니다. 제2차 세계대전이 끝난 후에도 중국 국민당과 공산당은 서로의 이념을 놓고 내전을 벌였고, 이 과정에서 국민당은 부패와 무능으로 민심을 잃게 됩니다. 반면, 공산당은 농민과 노동자들에게 지지를 얻으며 세력을 확장했죠.

중국 공산당이 국민당을 물리치고 중국 대륙을 통일시켜 중국에 공산주의 정부가 들어서게 됩니다. 1949년 10월 1일, 마오

중화인민공화국의 건국을 선포하는 마오쩌둥의 모습.

쩌둥은 베이징에서 중화인민공화국의 수립을 선언했습니다. 패배한 국민당은 대만으로 후퇴했고, 중국 본토는 공산주의 정권 하에 들어갔습니다.

중국 공산화는 국내외적으로 큰 영향을 미쳤습니다. 대약진 운동과 문화대혁명 같은 사건들은 중국 내부에 큰 혼란을 가져왔으나, 1978년 덩샤오핑의 개혁·개방 정책은 중국을 세계 경제 강국으로 변화시키는 전환점이 되었습니다. 또한 냉전 시대에 미국과 소련 사이에서 독자적인 입지를 다질 수 있었고, 이는 국제 정치에 중요한 변수로 작용했습니다.

더 깊게 읽기 →   p.285

쿠바 미사일 위기

1962년

1962년, 세계는 그 어느 때보다 핵전쟁의 문턱에 가까이 다가섰습니다. 이를 불러온 사건이 바로 '쿠바 미사일 위기'입니다. 쿠바 미사일 위기는 냉전이라는 거대한 이념 대립에서 비롯되었습니다. 미국과 소련은 각각 자본주의와 공산주의라는 체제를 대표하며 세계 곳곳에서 서로를 견제하고 있었죠. 그런데 이 갈등이 가장 뜨겁게 타오른 곳이 바로 카리브해의 쿠바였습니다.

1959년, 피델 카스트로가 쿠바 혁명에 성공하며 공산주의 정권을 세우자, 미국은 이를 눈엣가시처럼 여겼습니다. 미국은 쿠바를 고립시키기 위해 경제 제재를 가했습니다. 소련의 지도자

호루쇼프는 미국의 압박 속에서 불안해하는 쿠바를 돕기로 결정합니다. 동시에 미국의 코앞에 핵미사일 기지를 설치함으로써 핵 균형을 맞추겠다는 전략도 세웠죠. 1962년, 소련은 쿠바에 비밀리에 핵미사일 기지를 건설하기 시작했습니다. 그러나 미국의 정찰기가 이를 발견하면서 위기는 급격히 고조되었습니다.

미국 대통령 존 F. 케네디는 즉각 대국민 연설을 통해 소련의 미사일 배치를 폭로하며 쿠바를 봉쇄하겠다고 선언했습니다. 소련은 함대를 쿠바로 향해 움직였고, 미국은 이를 막기 위해 전 세계가 지켜보는 가운데 전투태세를 갖췄습니다.

결국 호루쇼프는 케네디와 비밀 협상을 통해 미사일을 철수하기로 합의합니다. 대가로, 미국은 터키에 배치된 자국의 핵미사일을 철수하고, 쿠바를 침공하지 않겠다는 약속을 했습니다.

쿠바 미사일 위기는 냉전 시대의 긴장을 최고조로 보여준 사건이었지만, 동시에 국제적인 교훈도 남겼습니다. 이후 미국과 소련은 핵전쟁의 위협을 완화하기 위해 핫라인을 설치하고, 군비 통제 협정을 추진하게 됩니다. 이 작은 섬을 둘러싼 갈등은 단순한 지역 분쟁이 아니라, 세계를 뒤흔든 냉전의 축소판이었던 것이죠.

미·중 수교

1979년

1970년대 초반 중국은 경제적, 외교적으로 고립된 상태였습니다. 경제성장에 실패한 데다, 특히 중국이 한국전쟁에 개입하면서 서방세계와의 관계는 최악을 달렸습니다. 게다가 1964년에 영토 분쟁을 계기로 가장 든든한 동맹이었던 소련과의 외교를 단절하기도 했습니다. 소련과의 관계마저 악화되자 중국은 점점 고립되었습니다.

그런데 이때 전혀 예상치 못한 나라가 중국에 도움의 손길을 내밀었습니다. 1972년 당시 미국 닉슨 대통령이 전격적으로 중국을 방문한 것입니다.

150

미국이 중국과의 관계 개선에 나선 가장 큰 이유는 소련을 견제하기 위해서였죠. 미국은 중국을 자본주의 세계 경제에 편입시킴으로써 경제성장을 도우려고 했습니다. 그러면 현대화를 이룬 중국이 소련을 멀리하고 미국에 의존할 거라는 계산이었죠.

이후 미국은 중국과 경제적 협력 강화, 무역 확대, 외교적 지원을 통해 중국을 서방세계에 편입시키는 데 집중했습니다. 이 과정에서 중국은 세계무역기구wTO 가입과 같은 국제 무대에 진출할 기회를 얻으며 점차 강대국으로 떠올랐습니다.

하지만 시간이 흐르면서 중국을 변화시킬 수 있다는 생각은 단지 환상에 불과하다는 사실이 드러났습니다. 중국은 경제성장을 위해 미국을 철저히 이용했을 뿐, 내적으로는 크게 바뀐 것이 없었습니다. 여전히 공산주의를 포기하지 않았고 미국을 적대시했습니다.

결국 미국은 중국의 현대화를 도왔지만, 중국을 자유화하려던 계획은 실패했습니다. 소련을 능가하는 적을 자기 손으로 키운 셈이 된 것이죠.

더 깊게 읽기 →　p.319

이란혁명

1979년

이란혁명이 일어나기 전, 이란은 친서방적인 팔레비 왕정 아래 급격한 근대화를 추진하고 있었습니다. 그러나 이 과정에서 서구적 가치와 이슬람 전통 사이의 충돌이 심화되었습니다. 특히 집권층의 부패와 심화되는 빈부격차는 국민의 불만을 폭발시키는 계기가 되었습니다.

1979년 이란혁명으로 팔레비 왕정이 무너지고, 아야톨라 호메이니 주도의 이슬람 공화국이 수립되었습니다. 이는 중동 지역의 세력 균형을 바꾸었고, 이후 수십 년간 미국과 이란의 관계를 악화시키는 계기가 됩니다.

이란 혁명이 이란 전역으로 걷잡을 수 없게 퍼지며
이란 국영석유회사 노동자들이 파업에 돌입하면서 제2차 오일쇼크가 발생했다.

이란혁명은 주변 이슬람 국가들에도 영향을 미쳤으며, 이슬람 근본주의 운동의 확산에 기여했습니다. 1980년대 초반에 발발한 이란-이라크 전쟁 또한 이란혁명의 여파로, 이라크의 사담 후세인이 이란을 공격하면서 시작된 것이기도 합니다.

호메이니는 혁명을 수출하려 했고, 이는 이라크를 포함한 주변국들에게 이슬람 정권이 확산되는 데 대한 두려움을 심어주었습니다. 이란-이라크 전쟁은 중동을 혼란에 빠뜨리며 국제 에너지 시장에 큰 충격을 주기도 했습니다.

아프가니스탄 전쟁

1979년

이란혁명과 같은 해인 1979년 12월, 소련이 아프가니스탄의 공산주의 정권을 지원하기 위해 군대를 파견했습니다. 이에 대응해 미국을 비롯한 서방 국가들이 무자헤딘 반군을 지원하면서 전쟁이 시작되었습니다.

무자헤딘은 이슬람 신앙에 기반을 둔 저항 세력으로, 서방의 군사 지원을 받아 소련에 맞섰습니다. 이들은 지형적으로 복잡한 아프가니스탄의 산악지대를 이용해 게릴라 전술을 펼쳤고, 서방은 이들에게 최신 무기를 제공하며 소련군에 치명타를 가했습니다.

소련은 초기에는 대규모 병력을 투입하며 아프가니스탄의 주요 도시와 도로를 점령했지만, 산악지대에서 활동하는 무자헤딘 반군에게 고전을 면치 못했습니다. 특히 미국이 제공한 스팅어 미사일은 소련의 헬리콥터와 항공기에 치명적이었죠. 결국 소련은 게릴라 전술과 신무기에 대응하지 못하고 전쟁은 장기화되었습니다.

아프가니스탄 전쟁은 전쟁터뿐만 아니라 국제적인 차원에서도 냉전의 갈등을 심화시켰습니다. 이 전쟁은 단순한 군사 충돌이 아니라, 이념과 종교가 얽힌 복잡한 양상을 띠었으며, 서방 세계와 이슬람권 사이의 갈등 구도를 형성하는 데도 일조했습니다.

향후 10년간 이어진 이 전쟁으로 인해, 소련은 경제와 군사력이 약화되었고, 결과적으로 소련 붕괴의 한 원인이 되기도 했습니다. 또한 이 전쟁을 통해 훈련받은 무자헤딘 반군 중 일부가 알카에다와 같은 극단주의 조직의 핵심이 되었습니다.

아프가니스탄 전쟁은 소련 붕괴와 함께 냉전의 종식을 앞당기는 데 영향을 미쳤지만, 동시에 국제 테러리즘의 씨앗을 뿌린 사건으로 평가됩니다. 이로 인해 오늘날까지도 세계 평화와 안보에는 깊은 그림자가 드리워져 있습니다.

천안문 광장 시위

1989년

1980년대, 중국의 경제 개혁과 함께 나타난 사회적 불평등과 부패 문제는 중국인들을 분노하게 했습니다. 특히, 젊은 세대와 지식인들 사이에서는 정치적 자유와 민주화를 요구하는 목소리가 높아졌습니다. 전직 주석 후야오방의 사망은 이러한 불만의 도화선이 되어 대규모 시위로 이어졌습니다.

1989년 6월, 천안문 광장에는 수십만 명의 학생, 노동자, 시민들이 모여 정치 개혁과 부패 척결, 민주화를 요구했습니다. 자유와 인권이라는 구호가 울려 퍼졌고, 해외 언론도 이를 주목했습니다. 시위대는 평화적으로 집회를 이어갔지만, 중국 정부는 이를 국가 질서를 위협하는 행위로 간주했습니다.

　중국 정부는 계엄령을 선포하고 군대를 투입해 시위를 무력으로 진압했습니다. 전차와 무장병력이 천안문 광장으로 진격하며 시위대를 강제 해산시켰고, 수천 명에 이르는 희생자가 발생했습니다. 이는 중국 내 정치적 자유와 인권 문제에 대한 세계적 관심을 불러일으켰습니다.

　천안문 시위 이후, 중국 정부는 서방 세계로부터 경제 제재와 비난을 받았지만, 강력한 통제와 경제 성장 전략을 통해 체제를 유지했습니다. 그러나 천안문 사건은 이후 홍콩의 우산 시위(2014년)나 반송법 시위(2019년)와 같이 민주화와 자유를 요구하는 움직임의 배경이 되기도 했습니다. 이러한 시위는 억압 속에서도 자유를 향한 열망은 사라지지 않는다는 사실을 보여줍니다.

천안문 시위 이후 천안문 광장에 있는 전차의 앞길을 한 남자가 가로막고 있다.

소련 해체

1991년

1980년대는 냉전이 절정에 달한 시기였으나, 동시에 종식의 방향으로 나아간 시기이기도 합니다. 1985년, 미하일 고르바초프가 소련의 지도자가 된 후 개혁 정책인 페레스트로이카(경제 개혁)와 글라스노스트(정치 개방)를 추진했습니다.

고르바초프는 소련 경제가 침체에 빠지고, 미국과의 군비 경쟁이 국가 재정을 압박하는 상황에서 개혁의 필요성을 절감했습니다. 페레스트로이카는 중앙 계획경제에서 일부 시장경제 요소를 도입해 경제 효율성을 높이려는 시도였고, 글라스노스트는 언론의 자유와 정부 정책의 투명성을 강화하며 사회 개방을 꾀

하려 한 정책이었습니다. 이러한 정책은 소련 내부의 변화를 촉진했지만, 동시에 체제의 약점을 노출시켜 결국 체제 붕괴를 가속화시켰습니다.

결국 1991년 소련이 해체되며 냉전이 종식되었습니다. 냉전의 종식과 소련 해체는 전 세계에 엄청난 변화를 가져왔습니다. 동유럽 국가들이 공산주의에서 벗어나 독립과 민주화를 이루는 계기가 되었고, 국제 질서가 양극 체제에서 미국 중심의 단극 체제로 재편되었습니다.

소련의 해체로 인해 미국은 명실상부 세계 유일의 초강대국으로 자리 잡았습니다. 미국의 강력한 힘을 보여준 사례는 1991년에 발생한 제1차 이라크 전쟁입니다. 이라크가 쿠웨이트를 침공하자 미국이 대응에 나선 것입니다. 이 전쟁에서 미국은 이라크에 일방적인 승리를 거뒀습니다. 미국은 최신예 무기를 총동원해 단기간에 전쟁을 승리로 이끌었죠. 이 전쟁으로 미국은 강력한 힘을 전 세계에 과시할 수 있었고, 그 결과 최강대국으로서의 입지를 굳히게 되었습니다.

더 깊게 읽기 → p.244

PART 2

결정적 지역으로
깊게 읽기

In the second century of the Christian Era, the empire of Rome comprehended the fairest part of the earth, and the most civilized portion of mankind. The frontiers of that extensive monarchy were guarded by ancient renown and disciplined valor. The gentle but powerful influence of laws and manners had gradually cemented the union of the provinces. Their peaceful inhabitants enjoyed and abused the advantages of wealth and luxury. The image of a free constitution was preserved with decent reverence: the Roman senate appeared to possess the sovereign authority, and devolved on the emperors all the executive powers of government. During a happy period of more than fourscore years, the public administration was conducted by the virtue and abilities of Nerva, Trajan, Hadrian, and the two Antonines. It is the design of this, and of the two succeeding chapters, to describe the prosperous condition of their empire; and afterwards, from the death

로마

세계사에서 가장 큰
영향을 끼친 문명

고대 로마제국은 전 세계 역사를 통틀어 세계사에 가장 큰 영향을 끼친 문명이라고 할 수 있습니다. 고대 로마 문명은 그리스 문명과 더불어 유럽 문명의 뿌리가 됐죠. 오늘날 서양에서 사용되는 언어, 달력, 법, 철학, 건축물 등이 모두 로마의 유산입니다. 그렇다면 이탈리아반도의 한 작은 시골 마을에서 시작된 로마가 어떻게 서방세계를 지배하는 대제국이 되었을까요? 또 영원할 것만 같던 로마제국이 어떻게 하다가 비참한 최후를 맞이했을까요?

신화에 따르면 로마의 기원은 까마득히 먼 옛날인 트로이전쟁 시기로 거슬러 올라갑니다. 기원전 1184년, 기나긴 전쟁 끝에 트로이가 그리스 연합군에 의해 멸망했습니다. 그러자 트로이 왕의 사위였던 아이네이아스는 부하들을 이끌고 망명길에 오르게 되었죠. 아이네이아스 일행은 긴 항해 끝에 어느 도시에 들르게 되는데, 그곳이 바로 카르타고였습니다.

그곳에서 아이네이아스는 카르타고를 건국했다고 알려진 신화 속의 여왕 디도를 만났습니다. 이 둘은 연인 관계로 발전했지만, 결국 아이네이아스는 디도를 버리고 다시 항해에 나섰죠. 디도 여왕은 이에 상심한 나머지 스스로 생을 마감합니다. 하지만 실제 역사에서는 디도 여왕이 아이네이아스보다 훨씬 후대의 인물이기에, 이 이야기는 아마도 카르타고와 로마의 악연을 강조하기 위해 훗날 덧붙여졌을 가능성이 높습니다.

한편 카르타고를 떠난 아이네이아스 일행은 이탈리아반도에 정착하게 됩니다. 이곳에서 아이네이아스의 후예들은 '알바롱가'라는 도시를 건설했습니다. 하지만 로마가 건국되기까지는 아직 400년이라는 시간이 더 남았습니다.

기원전 8세기경, 알바롱가 인근에 갓 태어난 쌍둥이 형제가 버려졌습니다. 이 쌍둥이 형제는 사실 왕의 손자였는데요. 왕을 몰아내고 새로 왕위에 오른 인물이 후환을 없애기 위해 이들을 숲속에 버린 것이었습니다. 다행히 지나가던 암컷 늑대가 젖을 먹인 덕분에 쌍둥이는 살아남을 수 있었습니다. 이들이 바로 로마의 창시자인 로물루스와 그의 동생 레무스입니다.

구사일생으로 살아난 쌍둥이 형제는 세력을 키워 그들만의 도시를 건설합니다. 그런데 어느 언덕에 도시를 세울지를 놓고 싸우다가 형 로물루스가 동생 레무스를 그만 죽이고 맙니다. 결국 기원전 753년, 로물루스는 팔라티누스 언덕에 자신의 이름을 딴 새로운 도시를 세웠습니다. 이게 바로 로마의 시작이었죠.

국가의 기틀을 다잡는 로마

하지만 로마는 시작부터 위기에 직면했습니다. 로물루스가 규합한 세력이 남자뿐이어서 도무지 인구를 늘릴 수 없던 것이죠. 가정을 꾸려 자식을 낳으려면 어딘가에서 여자를 데려와야 했습니다. 로물루스는 궁여지책으로 이웃 부족의 사비니인을 축제에 초대하고는 그곳에 모인 사비니족 여자들을 납치했습니다. 이에 격분한 사비니인이 로마를 공격했지만, 납치된 사비니족 여자들은 이미 로마인과 가정을 이루고 있었습니다. 결국 싸움을 포기한 사비니족은 아예 로마로 이주했고, 양국은 합병하게 됩니다.

로물루스가 통치한 지 38년 만에 로마는 겨우 나라의 형태를 갖추기 시작했습니다. 하지만 아직 이탈리아 북부의 에트루리아와 남부의 그리스 도시에 비해서는 미미한 세력에 불과했죠. 특히 로마는 초기에 에트루리아로부터 지대한 영향을 받았습니다.

에트루리아의 기원에 대해서는 알려진 것이 별로 없습니다. 당시 에트루리아는 이미 로마를 압도하는 문명을 이룩했습니다. 로마는 에트루리아로부터 건축물과 복장 그리고 생활 방식 등 많은 것을 도입했습니다. 하지만 에트루리아에도 약점이 있었죠. 에트루리아는 12개의 도시국가로 나뉘어 있어서 서로 힘을

로마와 사비니인 사이의 전쟁을 멈추게 한 사비니 여인들.

합치지 못했습니다. 이것은 훗날 로마와의 경쟁에서 뒤처지게되는 치명적인 약점이었죠.

점차 덩치를 키운 로마는 주변 국가를 정복하면서 세력을 넓혔습니다. 그러던 중 로물루스가 갑작스럽게 세상을 떠났습니다. 전설에 따르면 로물루스는 폭풍우가 칠 때 회오리바람에 휘말려 사라졌다고 하지만, 사실 정적에 의해 살해당했을 가능성이 크다고 합니다.

공화정 체제가 시작되다

건국 후 244년 동안 로물루스를 포함해 7명의 왕이 로마를통치했습니다. 그동안 로마는 조금씩 성장을 이루었지만, 북쪽에트루리아와 주변 국가에 막혀 세력을 크게 넓히지는 못했습니다. 그러다 기원전 509년, 큰 사건 하나가 터졌습니다. 당시로마의 왕이었던 타르퀴니우스에게는 섹스투스라는 아들이 있었는데, 어느 날 섹스투스가 한 귀족의 아내를 겁탈한 것이죠.이 사건으로 로마는 발칵 뒤집혔습니다. 분노한 시민은 섹스투스를 죽였고, 타르퀴니우스 왕도 해외로 추방됐습니다.

이때 반란을 주도한 인물이 바로 루키우스 브루투스였습니다. 이렇게 왕을 폐위시킨 로마는 새로운 왕을 뽑는 대신 '공화정'을 수립하는 선택을 하게 됩니다. 한 명의 왕이 나라를 다스리다 보면, 또다시 폭군이 등장해 나라를 망칠 수도 있다는 논리였죠. 그래서 로마인은 왕 대신 최고 관직인 집정관이 나라를 다스리게 했습니다. 집정관은 한 명이 아닌 두 명을 뽑았는데, 이는 한 개인이 독재자가 되는 것을 방지하기 위해서였죠. 여기에 더해서 집정관의 임기는 1년으로 제한했습니다.

로마에는 또 국정 최고 기관인 원로원이 있었습니다. 주로 귀족으로 구성된 원로원 의원의 수는 원래 300명이었지만, 이후에 600명으로 늘어났습니다. 원로원은 입법을 추진하고, 자문 역할을 수행하면서 집정관을 보좌하는 역할이었죠. 이로써 로마에서는 군주제가 끝나고 본격적인 공화정 체제가 시작됐습니다. 공화정 체제에서 로마는 계속해서 성장했습니다. 두각을 나

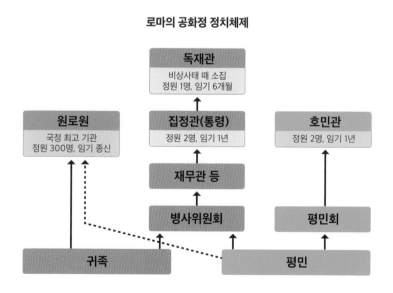

로마의 공화정 정치체제

타낸 로마는 이탈리아반도의 라티움 지역의 우두머리가 되었고, 기원전 396년에는 에트루리아의 도시 베이오를 점령하기도 했습니다.

이탈리아반도를 전부 차지하다

이제 막 도약하기 시작한 로마에 큰 위기가 찾아왔습니다. 병사들이 싸우기를 거부하고 산속에 틀어박힌 것이었죠. 대체 어떻게 된 일일까요? 당시 로마는 크고 작은 전투에서 승리하며 승승장구하고 있었지만, 전투에서 얻은 전리품은 고스란히 귀족의 차지가 됐죠. 반면 전투에 나가 열심히 싸웠지만 적절한 보상을 받지 못한 평민은 빚더미에 앉아 노예로 팔려 가기까지 했습니다. 이에 불만을 품은 평민이 군 복무를 거부한 것이었죠. 이러한 사태에 다급해진 원로원은 평민의 요구 대부분을 받아들였고, 평민을 대표하는 직책인 '호민관'이 탄생했습니다. 호민관은 평민에게 불리한 법안에 대해서는 거부권을 행사할 수 있었습니다.

하지만 로마의 계층 갈등은 이후에도 계속됐습니다. 로마의 또 다른 위기는 기원전 390년에 있었던 켈트족의 침략이었습니다. 오늘날 프랑스 지역에서 남하한 켈트족은 순식간에 북쪽 에트루리아 도시인 클루시움을 차지하고 로마까지 밀고 내려왔습니다. 하지만 로마는 아직 켈트족에 대항할 힘이 없었습니다. 멸망의 기로에 선 로마인은 로마에서 가장 높은 카피톨리누스 언덕으로 피신했습니다. 켈트족은 도시를 파괴하고 약탈을 이어갔지만, 얼마 후 로마가 배상금을 지불하자 순순히 물러갔습니다.

간신히 위기에서 벗어난 로마는 본격적으로 영토를 넓혀갔습니다. 기원전 343년부터 기원전 290년까지 로마는 주로 이탈리아 중부의 삼니움인을 상대로 50년이 넘는 기나긴 전쟁을 벌였습니다. 삼니움인은 로마보다 훨씬 넓은 영토를 가지고 있었고, 인구도 무려 두 배가 많았습니다. 게다가 산악 지역에 자리 잡고 있어 주로 평지에서의 전투가 익숙했던 로마인은 고전을 면치 못했습니다. 하지만 결국 로마는 삼니움인을 굴복시키고 승리를 차지했습니다.

여세를 몰아 북쪽 에트루리아 도시까지 차지한 로마는 이제 거칠 것이 없었습니다. 로마는 내친김에 이탈리아반도 남쪽의 그리스 식민지였던 타렌툼을 위협했습니다. 이에 타렌툼은 에페이로스의 왕 피로스에게 지원을 요청했죠.

피로스는 당대 최고의 명장이어서 아무리 로마라 해도 벅찬 상대였습니다. 피로스는 타렌툼을 구하기 위해 약 2만 5,000명의 병사와 전투용 코끼리 부대를 이끌고 이탈리아반도에 상륙했습니다. 처음 보는 코끼리 부대에 당황한 로마군은 피로스군에 대패를 당했습니다. 하지만 피로스도 피해가 막심해서 상처뿐인 승리였습니다. 이때부터 실속 없는 승리를 가리켜 '피로스의 승리'라고 부르게 되었죠.

양군은 이후에도 일진일퇴를 거듭했지만, 어느 쪽도 우위를
점하지 못했습니다. 결국 계속된 전쟁에 지친 피로스가 물러나면
서 로마가 타렌툼을 차지했습니다. 기원전 275년, 이렇게 이탈리
아반도 전체가 로마의 차지가 되었습니다.

로마의 진정한 적수, 카르타고

하지만 로마의 진정한 적수는 바다 건너 아프리카에 있는 카
르타고였습니다. 기원전 800년경 페니키아인이 건국한 카르타
고는 활발한 해상무역으로 막대한 부를 축적했습니다. 카르타고
는 바다에서의 경험을 바탕으로 강력한 해군을 보유하고 있었
는데, 그에 반해 로마는 해군이 전무하다시피 했죠.

기원전 264년 양국은 시칠리아섬의 지배권을 놓고 전면전을
벌였는데, 이것이 바로 '제1차 포에니 전쟁'이었습니다. 양군은
수십만 명의 병력을 희생시키면서까지 치열하게 싸웠는데, 결국
해군을 운영하는 법을 터득한 로마가 승리를 차지했습니다. 전
쟁에서 승리한 로마는 카르타고를 시칠리아섬에서 몰아냈고, 막
대한 배상금을 지불하게 했습니다. 하지만 카르타고는 빠르게
국력을 회복하고 반격을 노리고 있었죠.

게다가 카르타고에는 한니발이라는 명장이 있었습니다. 참

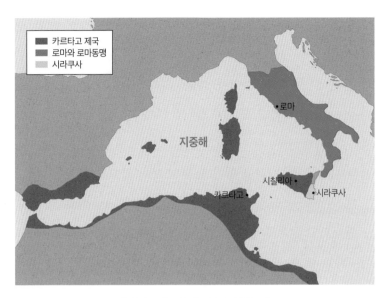

로마와 카르타고의 영토를 보여주는 지도.

고로 한니발의 이름은 '바알Baal의 영광'이라는 뜻입니다. 고대 페니키아의 신이었던 바알은 《성경》과 〈디아블로〉라는 게임에서 악마로 묘사되기도 합니다. 로마에 대한 복수심에 불탔던 한니발은 이베리아반도에서 큰 세력을 형성하고 있었죠. 제1차 포에니 전쟁이 끝나고 20년 뒤인 기원전 218년, 한니발은 알프스를 넘어 이탈리아 본토를 급습했습니다.

깜짝 놀란 로마는 군대를 보내 한니발을 막았지만, 한니발은 전투에서 매번 승리하면서 남하를 계속했습니다. 결국 양군은 칸나에 평야에서 만나 정면승부를 벌이게 되었습니다. 칸나에 전투에서 한니발의 포위 섬멸 작전이 완벽하게 먹히면서 카

171

르타고가 대승을 하게 되었죠. 칸나에 전투에서는 8만 명의 로마군 중에서 무려 7만 명이 전사했습니다. 이는 로마 성인 인구의 20퍼센트에 달하는 어마어마한 숫자였죠. 궁지에 몰린 로마는 더 이상의 전투를 포기하고 시간을 끄는 지연작전을 펼쳤습니다. 한니발은 그 후 10년간 이탈리아반도를 누비면서 로마를 전장으로 끌어들이려고 했지만, 별 소득이 없었습니다.

어느 정도 국력을 회복한 로마는 스키피오 장군을 보내 역으로 카르타고 본토를 공격했습니다. 카르타고 본토가 공격당하자 한니발은 어쩔 수 없이 이탈리아반도에서 본국으로 귀국해야 했죠. 기원전 202년, 자마 전투에서 스키피오가 이끄는 로마군이 한니발이 이끄는 카르타고군을 격파했습니다. 이로써 제2차 포에니 전쟁도 로마의 승리로 막을 내렸습니다.

전쟁에서 승리한 로마는 이베리아반도의 카르타고 식민지를 빼앗고, 카르타고에 막대한 배상금을 물렸습니다. 훗날 스키피오는 우연히 망명을 떠나 있던 한니발을 만나 사적인 대화를 나눴다고 합니다. 이때 스키피오가 한니발에게 가장 위대한 장군이 누구인지를 묻자 한니발은 알렉산드로스와 피로스 그리고 한니발 자신의 이름을 댔습니다. 스키피오는 한니발을 이겼으니 내심 자신의 이름을 기대했던 거 같지만, 한니발은 자존심 때문이었는지 끝내 스키피오의 이름을 대지 않았다고 합니다.

지중해 최강자가 된 로마

카르타고를 제압한 로마의 다음 목표는 그리스였습니다. 로마는 그리스와 여러 차례 전쟁을 벌인 끝에 마케도니아와 그리스를 속주屬州로 만들었습니다. 이 승리로 로마는 동방까지 진출하게 됩니다.

기원전 146년, 로마는 부활의 기미를 조금씩 보이던 카르타고를 공격해 완전히 멸망시켰습니다. 재건의 기미를 없애려고 로마는 카르타고 주민들을 학살했고, 도시를 철저히 파괴했죠. 그렇게 로마의 가장 큰 라이벌이던 카르타고가 지도상에서 사라지게 됩니다. 이뿐만이 아니었습니다. 소아시아의 페르가몬의 왕 아탈로스 3세가 자신의 왕국을 로마에 기증하기도 했습니다. 이제 로마는 명실상부한 지중해 최강자로 도약했죠.

하지만 그러는 사이에 로마 내부에서는 극심한 갈등이 이어졌습니다. 전쟁이 계속되면서 귀족은 점점 더 부유해졌지만, 일반 시민은 경제적 어려움을 겪으면서 많은 이가 땅을 잃고 소작농으로 전락했습니다. 이에 그라쿠스 형제가 등장해 농민을 위한 개혁을 주도했지만, 그라쿠스 형제가 살해되면서 개혁은 실패로 끝났습니다. 그때부터 가난한 시민은 국가에 충성하기보다는 적절한 보상을 제시하는 군벌에 더욱 충성하게 됩니다.

기원전 80년경에 등장한 폼페이우스와 카이사르가 대표적인 군벌이었습니다. 명문가 출신인 폼페이우스는 어렸을 때부터 군사적 재능을 발휘하면서 군을 지휘하게 됩니다. 그는 아직 젊은 나이에 로마 각지에서 일어난 반란을 진압했고, 당시 지중해에서 극성을 부리던 해적을 일제히 소탕했습니다. 게다가 기원전 62년에는 아시아로 건너가 시리아와 팔레스타인 지역을 로마의 속주로 만들었습니다. 이런 공로로 폼페이우스는 '위대하다'는 뜻인 '마그누스'로 불리게 됩니다.

삼두정치와 카이사르의 승리

폼페이우스가 활약하던 시기 율리우스 카이사르라는 인물이 집정관에 올랐습니다. 명성에서는 아직 폼페이우스에 한참 미치지 못했지만, 카이사르는 이후 로마가 배출한 최고의 인물로 평가받게 됩니다. 황제를 뜻하는 독일어 '카이저'와 러시아어 '차르' 또한 그의 이름에서 나왔죠. 하지만 아이러니하게도, 카이사르는 평생 황제 자리에 오른 적이 없습니다.

여기서 또 주목할 인물은 크라수스입니다. 크라수스는 로마에서 제일가는 부자로 스파르타쿠스의 난을 진압하면서 명성을 쌓았습니다. 폼페이우스, 카이사르, 크라수스 셋은 정치적 동맹을 맺었는데 이를 '삼두정치'라고 불렀습니다. 하지만 이 셋은 각기 다른 운명에 처하게 됩니다.

기원전 58년, 카이사르는 오늘날 프랑스인 갈리아 지역의 총

독이 되었습니다. 그곳에서 카이사르는 천재적인 군사적 재능을 발휘해 단 7년 만에 드넓은 갈리아 지역을 모두 평정했을 뿐 아니라 브리튼섬 남단까지 진출했습니다. 카이사르는 도저히 불가능할 것만 같은 상황에서도 번번이 승리를 이끌었죠.

카이사르의 천재성을 가장 잘 보여준 전투로는 '알레시아 공방전'이 있습니다. 기원전 52년 카이사르가 지휘하는 5만 명의 로마군이 빠르게 요새를 건설해 8만 명의 갈리아군을 포위했죠. 그런데 갑자기 25만 명이 넘는 갈리아군이 나타나 역으로 로마군을 포위했습니다. 그 결과 로마군은 요새 안팎으로 포위되어 절대적으로 불리한 상황이었습니다.

하지만 카이사르는 직접 군을 진두지휘하면서 요새 밖의 갈리아군을 몰아낸 다음, 요새 안에 있던 갈리아군의 항복을 받아냈습니다. 갈리아에서의 성공 덕분에 카이사르는 폼페이우스를 능가하는 큰 인기를 얻게 됩니다.

반면 삼두정치 중 한 명인 크라수스는 비극적인 최후를 맞이하는데요. 기원전 53년, 크라수스는 4만 명의 병력을 이끌고 파르티아로 원정을 떠납니다. 하지만 크라수스에게는 카이사르와 같은 군사적 재능이 없었죠. 로마군은 파르티아 기병에게 농락당한 끝에 참패했고, 크라수스는 목숨을 잃었습니다.

크라수스가 죽자, 카이사르와 폼페이우스 사이에도 금이 가기 시작했습니다. 카이사르에게 위협을 느낀 폼페이우스와 원로원은 그에게 군의 지휘권을 넘길 것을 요구했죠. 하지만 그랬다

가는 카이사르 자신의 목숨을 보장받을 수 없었죠. 고민 끝에 카이사르는 자신의 군대와 함께 루비콘강을 건너 로마로 진격했습니다. 이때 그가 한 말이 바로 그 유명한 "주사위는 던져졌다"입니다.

결국 누가 로마를 지배할지를 놓고 카이사르와 폼페이우스 간에 내전이 벌어졌습니다. 마침내 기원전 48년, 카이사르가 파

카이사르가 황제에 오르는 것을 경계한 이들이 결국 카이사르를 암살했다.

르살루스 전투에서 폼페이우스를 상대로 결정적인 승리를 거두
었죠. 폼페이우스는 이집트로 도망쳤지만, 카이사르의 비위를
맞추고 싶었던 이집트 왕실은 폼페이우스를 죽여 카이사르에게
그의 목을 바쳤습니다.

로마의 초대 황제가 된 아우구스투스

이집트에 도착한 카이사르는 그 유명한 클레오파트라를 만나 연인 사이가 되었습니다. 카이사르의 지지를 받은 클레오파트라는 남동생이자 공동 통치자였던 프톨레마이오스를 몰아내고 이집트의 전권을 차지했습니다.

정적을 모두 제거하고 로마로 귀환한 카이사르는 독재관으로 임명되면서 사실상 황제나 다름없는 절대 권력을 누렸습니다. 그러자 카이사르가 실제로 황제에 오르는 것을 경계한 이들이 카이사르를 암살했어요. 암살을 주도한 인물은 브루투스로, 먼 옛날 폭군 타르퀴니우스를 몰아내고 왕정을 끝냈던 브루투스의 후손이었습니다.

카이사르가 죽자 로마의 권력은 카이사르의 양자 옥타비아누스와 카이사르의 충직한 부하였던 안토니우스가 양분했습니다. 당시 옥타비아누스는 18세에 불과했지만 카이사르가 직접 후계자로 지명할 만큼 총명한 인물이었죠. 안토니우스는 카이사르를 따라 오랜 전투 경험을 쌓은 베테랑이었습니다. 이 둘은 로마 영토를 양분했는데, 옥타비아누스는 이탈리아반도와 서부 지역을, 안토니우스는 이집트와 동부 지역을 차지했습니다.

그런데 안토니우스가 클레오파트라에 빠져 이집트에 머무는 시간이 길어지자 안토니우스에 대한 여론이 악화되었습니다. 당시 안토니우스는 옥타비아누스의 누이와 결혼한 상태였는데, 일방적으로 이혼하고 클레오파트라와 다시 결혼했기 때문이죠. 그러자 참다못한 옥타비아누스가 공개적으로 안토니우스를 비난하면서 로마는 다시 한번 내전에 휘말립니다. 기원전 31년, 옥타비아누스가 악티움 해전에서 안토니우스를 상대로 승리를 거두었죠. 이집트로 도망친 안토니우스와 클레오파트라는 스스로 목숨을 끊었습니다.

이로써 옥타비아누스가 로마의 일인자로 올라서게 됩니다. 그러자 원로원은 옥타비아누스에게 '존엄자'라는 뜻인 '아우구스투스'라는 칭호를 선사했습니다. 그가 실질적인 황제가 되면서 공화정이 끝나고 로마제국이 시작된 것이죠.

로마의 초대 황제인 아우구스투스는 나라를 잘 다스렸습니다. 검소하게 살면서 스스로 모범이 되었고, 무리한 정복 사업을 펼치지도 않았습니다. 그 덕분에 로마는 오랜만의 안정기에 들어섰습니다. 아우구스투스는 41년간 로마를 다스리다가 기원후 14년, 75세의 나이로 세상을 떠났습니다.

네로 황제의 기독교 탄압

서기 30년경, 로마의 속주였던 유대 지역에서 예수 그리스도가 십자가에 못 박혔습니다. 예수 그리스도는 전 세계 인류 역사상 가장 큰 영향을 끼친 인물로, 예수가 태어났다고 추정되는 시점을 기준으로 '기원전'과 '기원후'가 나뉘죠. 예수 그리스도가 십자가에 못 박힌 사건을 계기로 기독교가 탄생했습니다. 기독교는 모든 인간이 죄인이며, 구원은 오직 예수 그리스도에게 있다고 가르칩니다. 이 믿음은 사도 바울의 선교를 시작으로 로마 제국 곳곳에 퍼지게 됩니다.

그런데 얼마 후 로마는 기독교를 금지했습니다. 기독교의 교리가 로마의 다신교와 충돌하고, 국가에 대한 충성을 최우선시하는 로마의 가치관과 어긋난다는 이유였죠. 게다가 로마의 황제들은 자신을 신격화하면서 숭배를 요구했는데, 기독교도는 이를 거부했습니다. 그래서 로마 황제들은 기독교도를 박해하기 시작했습니다. 기독교 박해로 유명한 황제로는 바로 네로가 있습니다.

서기 54년, 네로는 17세의 어린 나이에 로마제국의 5번째 황제가 되었습니다. 즉위 초기 네로는 나라를 잘 다스려서 상당한 인기를 끌었죠. 하지만 그는 서서히 폭군의 기질을 드러냈습니다. 네로는 자신을 황제로 만들어준 어머니를 암살했고, 스승인 세네카까지 제거했습니다. 정치에 참견하는 사람이 없어지자 네로는 정치보다는 예술에 더 많은 관심을 보였습니다. 네로는 스스로를 예술가로 생각해서 가끔 대중 앞에서 형편없는 시를 낭송하기도 했습니다.

그러다 서기 64년, 로마에 큰 화재가 발생했습니다. 그런데 시민들 사이에서 네로가 일부러 불을 질렀고, 불타는 로마를 바라보면서 시를 읊었다는 흉흉한 소문이 돌기 시작했죠. 이 소문이 사실인지 아닌지를 떠나 네로의 평판은 최악이 되었습니다. 그러자 네로는 기독교인을 방화범으로 몰아 잔인하게 처형했습니다. 이때부터 기독교인은 대중의 이목을 돌릴 수 있는 만만한 희생양이었죠. 그로부터 4년 후인 서기 68년, 결국 네로는 반란군에 쫓기다가 스스로 목숨을 끊었습니다. 네로는 오늘날까지 폭군의 대명사로 불립니다.

서기 66년, 유대인이 로마의 지배를 거부하며 반란을 일으켰습니다. 유대인의 반란은 70년 가까이 계속되다가 136년에 진압됐는데요. 이때 수십만 명의 유대인이 학살됐고, 예루살렘과 성전은 철저히 파괴됐습니다. 하지만 서쪽에 있는 담장은 남겨졌는데, 이것이 바로 오늘날까지 남아있는 '통곡의 벽'입니다. 살아남은 유대인은 모두 이스라엘 밖으로 추방됐습니다. 이후 유대인은 세계 곳곳으로 흩어져 오랜 세월 동안 수많은 핍박을 받게 되는데요. 이를 '디아스포라'라고 부릅니다.

전성기에서 쇠락기로

반면 이 시기 로마는 최고의 전성기를 누리고 있었습니다. 서기 80년경에는 그 유명한 콜로세움이 건설되었습니다. 콜로세움은 약 5만 명을 수용하는 원형 경기장으로, 이곳에서 검투사 경기와 전차 경주가 펼쳐졌습니다. 심지어는 경기장에 물을 채워서 가상 해전을 벌이기까지 했죠.

서기 96년부터 180년까지 거의 100년 동안에는 네르바, 트라야누스, 하드리아누스, 안토니누스 피우스, 마르쿠스 아우렐리우스까지 5명의 명군이 잇달아 등장했습니다. 이 시기를 '오현제 시대'라고 부릅니다. 그 덕분에 로마는 황금시대를 이어갈 수 있었죠.

이 시기 로마의 영토는 크게 확장되었고 경제가 안정되어 시민들의 생활 수준이 높아졌습니다. 빈민에게 무료로 빵을 지급했고, 제국 곳곳에 깨끗한 물을 공급하는 수도관과 도로, 공중목욕탕을 건설했습니다. 그 결과 로마는 인구가 100만 명이 넘는 대도시로 성장했어요.

하지만 오현제 중 마지막 황제인 아우렐리우스가 죽고, 그의 아들 콤모두스가 황제에 오르면서 로마제국도 서서히 몰락의 길을 걷게 됩니다. 콤모두스는 무능했고, 정신병이 있어서 즉위한 지 얼마 안 돼 원로원의 신임을 완전히 잃었습니다. 네로가 자기 자신을 예술가로 생각했다면, 콤모두스는 자기 자신을 검투사로 생각했던 것 같습니다. 실제로 콤모두스는 엄청난 체격과 괴력을 소유해서 검투사로도 소질이 있었던 것으로 추정되는데요. 시간이 지날수록 콤모두스의 광기는 심해졌고, 정치보다는 검투사 놀이에 몰입했습니다.

결국 콤모두스는 정적들에 의해 암살되었습니다. 하지만 콤

검투사들의 경기가 열렸던 로마 콜로세움의 현재 모습.

모두스가 죽고 오히려 더 큰 혼란이 찾아왔죠. 100년간 로마에서
는 서로 죽고 죽이는 내전이 펼쳐졌습니다. 특히 235년부터 284
년까지, 약 50년간 치열한 세력 다툼이 벌어지면서 무려 18명의
황제가 교체됐습니다. 이 어지러운 시기를 '군인 황제 시대'라고
부릅니다. 혼란한 틈을 타 야만족과 페르시아가 국경 지역을 침
범했고, 경제와 민생은 엉망이 되었습니다.

284년, 황제가 된 디오클레티아누스는 강력한 지도력을 발휘하면서 위기에 빠진 제국을 부흥시키려고 했죠. 디오클레티아누스는 이를 위해 여러 가지 개혁을 추진했는데 가장 대표적인 것이 '사두 정치' 체제입니다. 방대한 제국을 다스리기에는 황제 한 명으로는 역부족이라고 생각해서 통치 지역을 4개로 쪼갠 것이죠. 그래서 황제도 1명이 아닌 4명이 되었습니다. 20년간 로마를 통치한 디오클레티아누스는 스스로 황제 자리를 내려놓고 시골 마을에서 양배추를 키웠다고 합니다. 그러나 디오클레티아누스가 수립한 사두 정치 체제도 오래가지 못했습니다. 디오클레티아누스가 죽고, 로마는 다시 한번 내전에 휘말리게 됩니다.

동로마와 서로마로 분리되다

치열한 내전 끝에 다른 황제들을 차례차례 제거한 콘스탄티누스가 마침내 최종 승자로 등극했습니다. 콘스탄티누스가 실시한 가장 큰 변화는 기독교를 공인했다는 것이었습니다. 이전 황제였던 디오클레티아누스는 사실 기독교인을 잔인하게 박해한 것으로 유명했죠. 하지만 콘스탄티누스는 오히려 기독교인 박해를 금지했을 뿐 아니라 스스로 기독교로 개종까지 했습니다.

기록에 따르면 콘스탄티누스는 꿈에 십자가가 나오는 환상을 보고선 다음 날 전투에서 승리했다고 합니다. 이 사건을 계기로 콘스탄티누스가 기독교로 개종했다고 전해집니다. 그렇게 300년 동안이나 박해받던 기독교가 로마의 공인을 받으면서 이후 기독교는 로마를 넘어 세계로 퍼지게 되죠.

324년, 콘스탄티누스는 발칸반도에 위치한 비잔티움에 새로운 도시를 건설했습니다. 바로 훗날 동로마제국의 수도가 되는 콘스탄티노플이었죠. 395년, 로마제국은 공식적으로 서로마제국과 동로마제국으로 분할됐어요.

로마제국이 분리되고, 4세기 후반 재앙이 찾아왔습니다. 훈족이라고 알려진 기마 유목민이 동쪽으로부터 로마제국을 밀고 들어온 것이었습니다. 훈족은 중국 한나라와 싸우다 밀려난 흉

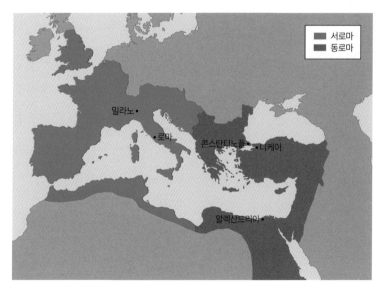

동로마와 서로마로 분리된 로마제국의 지도.

노족의 후예로 아직 이들이 정확히 누구인지는 밝혀지지 않았습니다. 훈족이 동유럽으로 쳐들어오자 게르만족은 이들을 피해 로마제국으로 도망쳐 왔습니다. 훈족과 게르만족이 만들어낸 도미노 효과로 로마는 큰 위기에 봉착했습니다. 처음에는 로마와 공생하기를 원했던 게르만족이 점차 자신들의 권리를 요구하면서 로마의 권위에 도전한 것이죠.

하지만 로마제국은 더 이상 이들을 제압할 힘이 없었습니다. 378년, 동로마제국과 서고트족 사이에서 벌어진 아드리아노플 전투로 이런 사실을 확인할 수 있었습니다. 아드리아노플 전투에서 서고트족은 로마군 3분의 2를 몰살시키고 황제마저 죽였습니다.

아드리아노플 전투 이후 게르만족은 본격적으로 로마를 침략하기 시작했습니다. 공격은 주로 서로마제국에 집중되어 410년과 455년, 두 차례의 굴욕적인 약탈을 당했습니다. 이제 서로마제국은 껍데기에 불과했죠. 결국 476년, 서로마제국의 마지막 황제가 폐위되면서 서로마제국이 오랜 역사를 뒤로하고 멸망합니다. 아이러니하게도 서로마제국의 마지막 황제의 이름은 로마의 창시자 이름과 같은 로물루스였습니다. 서로마제국 멸망 이후 동로마제국은 이후 1,000년간 살아남았지만, 이전과 같은 로마의 전성기는 다시 돌아오지 않았죠.

이후 유럽은 오랜 암흑기에 들어서게 됩니다. 로마가 무너지면서 유럽은 수많은 왕국으로 분열되고, 이로 인해 사회적, 경제적 안정성이 약화됐습니다. 그러면서 학문과 예술이 쇠퇴하고 기술과 경제도 정체되어 문명이 오히려 퇴보할 정도였죠. 이후 유럽이 로마제국의 문명 수준을 회복하는 데만 1,000년 이상이 걸렸다고 할 정도로 말이죠. 영원할 것만 같았던 로마의 몰락은 역사적으로 영원한 것은 없다는 것을 보여줍니다. 모든 것은 변화하고 성장과 쇠퇴를 반복한다는 역사적 사실은 현대사회에도 시사하는 바가 큽니다.

칸나에 전투

인류 역사상 최고의
전략 전쟁

기원전 264년부터 기원전 146년까지, 지중해의 패권을 잡은 카르타고는 시칠리아섬을 두고 당시 새로운 강자로 떠오른 로마와 120여 년간 전쟁을 벌였는데요. 이 전쟁을 '포에니 전쟁'이라고 부릅니다. 제1차에서 제3차까지 이어진 포에니 전쟁 중 '칸나에 전투'는 기원전 216년, 제2차 포에니 전쟁 당시 칸나에 평야에서 벌어진 카르타고군과 로마군의 전투를 말합니다. 칸나에 전투는 왜 2,000년이 지난 지금도 전 세계 육군사관학교에서 가르치며 전투 중의 전투, '더 배틀the battle'이라고 칭송받는 것일까요? 너무나 훌륭한 전략으로 로마를 거의 전멸시킨 칸나에 전투 이야기로 들어가보겠습니다.

기원전 247년, 제1차 포에니 전쟁 당시 로마와 카르타고는 일진일퇴를 거듭했고, 전쟁은 20년간 지속되었습니다. 양측에서 100만 명 이상의 군대가 투입되었다고 하는데요. 그 후에 유럽에서 100만 명 이상이 투입된 전쟁은 16세기가 되어 일어났으니 얼마나 큰 전쟁인지 알 수 있겠죠? 이렇게 대규모로 펼친 전쟁의 결론은 어떻게 되었을까요? 로마는 남자 인구 5분의 1이 전쟁에서 죽는 희생을 치르고 결국 전쟁에서 승리했습니다. 하지만 로마가 전쟁에서 승리했다고 해서 카르타고를 완전히 멸망시킨 것도 아니었고, 복구 불능의 상태로 만든 것도 아니었죠. 아직 카르타고의 세력은 건재한 상태였습니다.

전쟁이 끝난 뒤 로마에게 복수하려고 벼르던 카르타고의 한 장군이 있었는데요. 그는 바로 하밀카르 바르카였습니다. 게릴라 전술을 사용해서 로마를 패배 직전까지 몰고 갈 만큼 뛰어난 사령관이었던 그는 제1차 포에니 전쟁이 끝난 후에 지금의 스페인 지역인 이베리아반도의 총독이 되었습니다. 하밀카르에게는 어린 아들 한니발이 있었는데요. 그는 이베리아반도로 떠나기 전에 한니발에게 신들 앞에서 로마에 대한 복수를 맹세하게 했다고 합니다.

한니발이 흑인인지 백인인지에 대한 논란도 존재합니다. 카르타고는 현재 레바논 지역에서 유래된 페니키아인들이 세운 나라인데요. 한니발이 태어났을 때는 페니키아인이 카르타고를 세운 지 800년도 넘는 시기였기 때문에 아프리카 인종과 섞였을 가능성도 배제할 수는 없습니다.

이베리아반도에서 독자적인 세력을 구축하고 있던 한니발의 아버지 하밀카르는 4년 동안 세력을 넓히면서 여러 도시들을 건설합니다. 그중 하나는 하밀카르 바르카의 이름을 따서 우리가 현재 잘 알고 있는 '바르셀로나'가 됩니다.

한니발, 로마에 도전하다

이처럼 카르타고의 기반을 넓히던 하밀카르가 어느 날 죽게 되는데요. 언제, 어떻게 죽었는지에 대해서는 명확한 기록이 없습니다. 어찌됐든 하밀카르가 죽고 얼마 후에 그의 아들 한니발이 아버지의 세력을 물려받습니다.

기원전 219년, 26세의 한니발이 당시 로마와 동맹을 맺고 있던 사군툼을 공격하면서 로마와의 전쟁, 즉 제2차 포에니 전쟁이 시작됩니다. 훗날 나폴레옹이 알프스를 넘기 2,000년도 전에 한니발이 대략 9만 8,000명의 군대와 코끼리 부대를 이끌고 알프스를 넘어 로마 본토를 공격한 것이죠. 하지만 한니발은 알프스를 넘으면서 엄청난 손실을 겪었습니다. 9만 8,000명이던 군대는 2만 6,000명으로 줄었고, 코끼리 부대도 몇 마리 남지 않고 모두 죽고 맙니다. 그래서 한니발은 로마에 적대적이던 갈리아

당시 지중해 최강자였던 카르타고가 로마를 공격하기 위해 알프스를 넘고 있다.
코끼리를 앞세우고 진군하는 부대의 총사령관은 한니발 장군이다.

인 군사들을 자기편으로 끌어들였습니다.

본토를 위협당하던 로마는 즉각 반격을 시도했습니다. 하지만 트레비아강 전투와 트라시메노호 전투에서 연속으로 완패하면서 로마는 국가 존폐 위기에 빠집니다. 로마는 즉시 비상사태를 선언했고, 한니발에게 맞서서 파비우스 막시무스를 독재관으로 임명합니다.

파비우스는 오랫동안 한니발과의 정면 승부를 피하면서 한니발의 자원을 천천히 고갈시키는 전략을 사용했습니다. 이 전략은 당시 로마로서는 최선의 전략이었지만, 힘으로 통쾌하게 한니발을 이기길 원했던 로마인에게는 실망스러운 전략이었죠. 이런 이유로 파비우스가 물러났고, 바로와 파울루스가 공동 집정관으로 임명됩니다.

바로와 파울루스는 곧바로 8만 명의 군사를 긁어모아서 한니발이 주둔하고 있던 칸나에를 향해서 남쪽으로 진군합니다. 그런데 공동 집정관이던 바로와 파울루스는 성격이 판이했다고 합니다. 즉흥적이고 성질이 급했던 바로와 달리 연장자인 파울루스는 조금 더 신중한 성격이었습니다. 바로가 드넓은 평지에서 전투를 하려고 하자, 파울루스는 카르타고가 우세했던 기병의 공격에 대비하기 위해 언덕으로 군대를 옮길 것을 주장했습니다. 하지만 성격이 급했던 바로는 파울루스의 말을 듣지 않고 자신이 군대의 지휘를 맡은 날 칸나에 평지에서 전투를 벌였죠.

로마군에 맞선 한니발의 전략

그리하여 기원전 216년 8월 2일, 전쟁 역사상 최고의 전투로 불리는 칸나에 전투가 시작됩니다. 로마는 6만 5,000명의 중무장 보병, 1만 5,000명의 경무장 보병, 그리고 6,000명의 기병으로 총 8만 6,000명의 병력이 있었습니다. 자국의 병력에 자신감이 있었던 로마는 이 병력을 모두 투입하는 대신 1만 명을 야영지에 남겨뒀습니다. 이 병력으로 카르타고의 야영지를 습격해서 보급품을 약탈할 계획이었죠. 그러고도 전쟁에 투입된 병력은 무려 7만 5,000명이 넘었습니다.

이에 비해 한니발의 카르타고군은 3만 명의 중무장 보병, 1만 명의 경무장 보병, 1만 명의 기병으로 총 5만 명의 병력을 보유하고 있었습니다. 보병의 절반 이상인 1만 6,000명이 현지에서 합류한 갈리아인이었죠. 1만 명의 기병 중에는 갈리아인 4,000명, 누미디아인 4,000명이 포함되었습니다.

갈리아인은 켈트족이라고도 불리는데요. 그 당시 북부 이탈리아, 프랑스, 벨기에, 스위스에 거주하던 종족이었습니다. 누미디아인은 북아프리카의 유목민족으로, 말 사육에 뛰어나 기병을 많이 배출한 종족입니다. 나머지 병력 중에서도 이베리아 출신 병사들이 1만 명을 차지했기 때문에, 사실 카르타고 본토 출신의 병사들은 매우 적었습니다. 이렇게 다양한 인종이 섞였으니 아무래도 통제하기가 쉽지 않았겠죠.

칸나에 전투 병력 상황 및 결과

	로마	카르타고
병력	보병 8만 명, 기병 6,000명	보병 4만 명, 기병 1만 명
지휘	파울루스, 바로	한니발
결과	사망 7만 명, 포로 1만 명	사망 6,000명

당시만 하더라도 로마 군대는 전투에서 전략의 중요성을 완전히 깨닫지 못한 상태였습니다. 전략을 능수능란하게 사용해서 군대를 효율적으로 움직이기보다는, 로마의 자랑이던 중무장 보병으로 상대방을 힘으로 밀어붙이는 것이 가장 명예로운 전투라고 생각했습니다. 로마군의 진영도 이 사고방식을 잘 보여줍니다. 로마의 목적은 카르타고 군대의 중앙을 돌파해서 둘로 나뉜 카르타고군을 수적 우위를 통해서 궤멸하는 것이었죠.

승패를 결정짓는 것이 중앙이라고 생각한 로마군은 보병을 넓게 펼치기보다는 중앙에 두텁게 위치시켰습니다. 진영을 벌려서 카르타고군을 포위하는 전략도 있긴 했지만, 이 경우 카르타고 기병이 측면을 공격했을 때 더 취약할 수 있다는 점을 고려한 것이죠. 로마 기병은 보병 양옆에 배치되었죠. 로마군을 지휘하는 두 집정관이 각각 오른쪽과 왼쪽의 기병과 함께 자리 잡았습니다. 로마 기병의 주목적은 보병의 측면을 적의 공격으로부터 보호하는 것이었습니다.

반면 카르타고의 보병 진영은 로마군과 달리 넓게 벌어져 있었죠. 기병은 로마군과 마찬가지로 보병의 측면에 배치되었습니다. 또한 아프리카와 이베리아 출신의 정예 보병을 중앙이 아니라 날개 쪽에 배치했으므로, 중앙은 로마에 비해 형편없이 약했습니다. 그런데 카르타고군의 지휘관인 한니발은 정예병들이 있는 측면이 아니라 가장 취약하고 위험한 지역인 중앙에서 지휘했죠.

전투 시작과 함께 갈리아와 이베리아 출신의 카르타고 왼편 기병이 로마군의 오른편 기병을 향해 돌격해 순식간에 로마군 기병을 궤멸했습니다. 이때 오른편 기병들과 함께한 로마군의 집정관 파울루스가 허망하게 전사합니다. 그 와중에 한니발이 지휘하고 있던 카르타고군의 중앙은 초승달 형태의 진영을 이루면서 전진했습니다. 왜 초승달 진영으로 돌격했는지에 대해서는 여러 설이 있습니다. 로마 군대의 추진력을 순간적으로 늦춰서 측면에 있던 정예병을 활용할 시간을 벌기 위해서였다는 설이 가장 유력합니다.

로마군과 정면에서 충돌한 카르타고군의 중앙은 밀리기 시작했습니다. 하지만 로마군이 모르고 있던 사실이 있었는데요. 그건 바로 한니발이 사전에 중앙에 있던 군인들에게 일부러 조금씩 후퇴하라고 명령을 내렸다는 점입니다. 한니발이 가장 취약한 중앙에 위치했던 이유도 중앙에 있던 군인들의 후퇴 속도를 조절하기 위해서였죠. 한니발의 천재성을 엿볼 수 있는 전략입니다. 너무 빨리 밀리거나 진영이 무너지면 로마군의 전략대로 카르타고군이 양분될 위험이 있고, 또 너무 느리게 후퇴하면 작전에 차질이 생길 것을 한니발은 미리 예측한 것이죠.

그렇게 로마군은 후퇴하는 카르타고군의 중앙 깊숙이 들어가게 됩니다. 카르타고군은 한니발의 지휘하에 천천히 후퇴하면서 여전히 진영을 유지하고 있었습니다. 그러는 동안 로마의 오른편 기병을 궤멸한 카르타고군이 전장을 가로질러서 로마 왼편 기병을 공격하기 시작했어요. 그때까지 술래잡기를 반복하고 있던 카르타고의 누미디아 기병도 공격에 합세했습니다. 이 합동 공격을 견디지 못한 로마의 왼편 기병은 집정관 바로와 함께 전장에서 도망칩니다. 이렇게 군대를 지휘해야 할 로마의 최고 지휘관 2명이 모두 전장에서 사라졌습니다.

잔혹한 전쟁의 끝

로마의 중앙이 카르타고의 진영을 밀어붙이고 있을 때 그때까지 측면에 자리 잡고 있던 카르타고의 정예병들이 갑자기 방향을 틀어서 로마군의 취약한 측면을 공격하기 시작했습니다. 그 순간 로마군 기병을 몰아낸 카르타고 기병이 때마침 합류해서 로마군의 후방을 공격했습니다. 그렇게 카르타고군은 로마군을 완벽하게 포위하게 됩니다. 이 모든 게 한니발이 사전에 정교하게 계획한 그대로였습니다.

이 시점부터는 더 이상 전투가 아니라 완벽한 학살이 이어집니다. 포위된 로마군은 안 그래도 밀집된 진영이 더 좁아진 데다가 대부분의 병사는 같은 편 병사들과 몸이 맞닿아 있어서 칼을 든 팔을 움직일 수도 없던 상태였습니다. 학살은 해가 질 때까지 계속되었습니다. 중앙의 로마군에서는 공포심에 사로잡힌 나머지 머리를 땅속에 파묻고 일부러 질식해서 죽는 병사가 있을 정도였다고 합니다. 8만 명의 로마군 중에서 7만 명이 전사했고, 대략 1만 명이 포로로 잡혔다고 알려졌는데, 이날 전사한 로마군은 로마 성인 인구의 20퍼센트에 해당하는 어마어마한 수였습니다. 훗날 역사학자 파울리에 따르면 1분에 로마군 600명이 죽었다고도 합니다.

로마군을 지휘한 파울루스, 중앙을 지휘했던 세르빌리우스, 그리고 독재관 미누키우스도 80명의 원로원 의원과 함께 전사했습니다. 파울루스는 죽기 직전에 자신을 구출하려던 호민관에게 이런 말을 남겼다고 합니다.

"나를 구출하려고 도망갈 수 있는 시간을 낭비하지 말아라. 원로원에 가서 한니발이 도착하기 전에 로마를 요새화하고 방어를 굳건히 하라고 알려라. 그리고 파비우스에게 남몰래 전하라, 살아서도 죽어서도 항상 당신의 계율을 따르겠다고. 이제 나는 죽어가는 전우들 사이에서 마지막 남은 숨을 쉬겠다."

이때 몇 안 되는 로마군은 탈출에 성공했는데, 그중 한 명이 후에 한니발에게 복수하는 스키피오 아프리카누스입니다. 이런 로마의 궤멸적인 피해에 비해서 카르타고 군의 피해는 그리 크지 않았습니다. 로마군 전사자의 10분의 1에 불과한 6,000명 정도가 전사했죠. 이렇게 로마는 한니발을 상대로 한 전면전에서 완패했습니다. 칸나에 전투는 로마가 동원할 수 있는 군대를 싹 다 긁어모은 전투였기 때문에 한니발의 로마 입성을 막을 군대는 존재하지 않았습니다. 하지만 완벽한 전투라는 후세의 평가와는 별개로, 칸나에 전투는 한니발이 원했던 결과로 이어지지 않았습니다. 한니발은 전투 이후 로마가 협상에 나설 것이라고 생각했지만, 로마인은 그럴 생각이 없었기 때문이죠.

칸나에 전투 이후, 남부 이탈리아의 많은 동맹 시들이 한니발에게 항복하기는 했지만, 로마 연합이 해체될 만큼은 아니었습니다. 한니발은 재결전을 벌여 로마를 붕괴시키려 했으나, 최악의 패배를 겪은 로마는 전면전을 피한 채 지구전과 게릴라전 같은 지연 전술을 펼쳐 한니발을 따돌렸습니다. 그리고 로마는 그사이 놀라운 속도로 병력을 회복했죠.

한니발은 16년에 걸친 로마와의 전쟁을 끝내지 못하고 카르타고로 돌아왔습니다. 그리고 스키피오가 이끄는 로마 원정군과의 전쟁에서 패한 후 로마에 항복합니다. 역사에는 영원한 승자도 영원한 패자도 없는 법인 것 같습니다. 다만 칸나에 전투의 영향으로 로마의 재정 및 군대 동원력은 반영구적인 손상을 입었습니다. 또 칸나에 전투 이후 서구의 전술학은 기념비적인 발전을 거듭했습니다. 역사학자 윌 듀란트의 이 말처럼 말이죠.

"칸나에 전투는 역사에서 더 훌륭한 용병술을 찾아볼 수 없는 최상을 보여준 사례이며, 2,000년 동안 군사 전술의 방향을 제시했다."

로마의 전성기 시절 영토

브리타니아

갈리아

대서양

히스파니아

마실리아

로마

악티움

카르타고

지중해

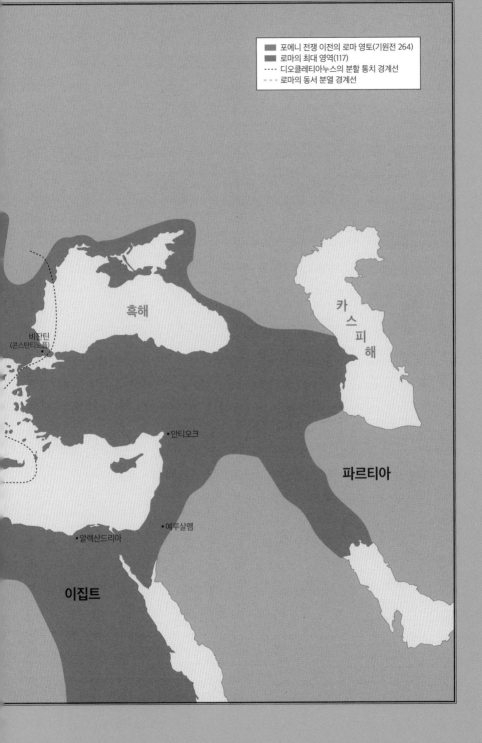

포에니 전쟁 이전의 로마 영토(기원전 264)
로마의 최대 영역(117)
디오클레티아누스의 분할 통치 경계선
로마의 동서 분열 경계선

흑해

카스피해

비잔틴
(콘스탄티노플)

안티오크

파르티아

예루살렘

알렉산드리아

이집트

이스라엘·팔레스타인

종교 갈등은
어떻게 전쟁이 되는가

'중동의 화약고'라고 불리는 이스라엘과 팔레스타인 사이에는 첨예한 갈등이 이어지고 있습니다. 2023년 10월 7일, 팔레스타인 무장 단체인 하마스가 가자 지구에서 이스라엘에 대한 공격을 시작하면서 갈등이 격화되었죠. 이후에도 지속적인 교전이 이어지며 인명 피해가 발생하고 있습니다.

그렇다면 이스라엘과 팔레스타인 사이에 분쟁이 끊이지 않는 이유는 무엇일까요? 그리고 양측 입장은 어떤 것일까요? 이를 이해하기 위해서는 먼저 그 역사적 배경을 알아야 합니다. 그럼 유대인의 역사부터 살펴보겠습니다.

《성경》에 따르면 유대인의 조상인 아브라함이 하나님에게서 가나안 땅을 약속받았다고 합니다. 이후 아브라함의 후손들은 기근을 피해 이집트에 정착했습니다. 그곳에서 이들은 크게 번성해 이스라엘 민족이 되었습니다. 이들이 유대인의 조상 히브리인이었습니다. 그런데 이스라엘 민족이 커지는 것을 두려워한 이집트인은 그들을 노예처럼 부리면서 탄압하기 시작했습니다. 그러자 이스라엘 민족은 '모세'라는 인물의 인도하에 이집트를 탈출해 약속의 땅인 가나안으로 떠났습니다. 이후 가나안에 도착해 그곳에 있던 세력을 몰아내고, 그들만의 나라인 이스라엘을 건설했죠.

《성경》은 이곳을 '젖과 꿀이 흐르는 땅'으로 묘사하고 있습니다. 기원전 1000년경, 이스라엘왕국은 다윗왕과 솔로몬왕 때 최전성기를 맞이했습니다. 이 시기에 영토를 확장했고 많은 부를 축적했습니다. 예루살렘에 성전을 건축한 것도 이때였습니다. 그런데 솔로몬이 죽자 이스라엘은 쇠퇴하기 시작했습니다. 이스라엘은 북이스라엘과 남유다로 분열되었고, 주변 민족으로부터 잦은 침략을 받았습니다.

결국 기원전 586년에는 바빌로니아의 침략을 받아 남유다왕국이 멸망했습니다. 졸지에 나라를 잃은 유대인은 많은 고초를 겪었지만, 70년 뒤 다시 고국으로 돌아와 나라를 재건했습니다. 유대인은 이후 약 600년간 강대국의 침략과 위기 속에서도 나라를 지켜내면서 그들의 신앙을 이어갔습니다.

바빌로니아로 끌려가는 남유다왕국의 백성들.

뿔뿔이 흩어져 살면서도 민족성을 잃지 않은 유대인

하지만 서기 100년경, 로마제국의 통치하에 있던 유대인이
연이어 반란을 일으키자 로마는 이를 무자비하게 응징했습니다.
이때 수십만 명의 유대인이 학살되었고, 예루살렘과 성전은 철

저히 파괴되었습니다.

특히 유럽에 정착한 유대인은 온갖 멸시와 핍박을 견디면서 이방인으로 살아가야 했습니다. 게다가 반유대주의가 팽배한 지역에서는 심심치 않게 학살이 자행되기까지 했습니다. 놀라운 점은 유대인이 이후 2,000년간 수많은 시련을 겪으면서도 주류 사회에 동화되기보다는 그들의 민족성을 유지했다는 것입니다. 그들이 하나님에 의해 선택받은 민족이며 언젠가는 약속의 땅에 돌아간다는 신념이 없었다면 불가능한 일이었을 것입니다.

대표적인 유대인 분파로는 동유럽에 정착한 아슈케나짐과 스페인과 북아프리카에 정착한 세파르드, 그리고 중동에 정착한 미즈라흐가 있습니다. 이 중에서 아슈케나짐이 가장 큰 비율인 70퍼센트를 차지한다고 알려졌습니다. 그런데 아슈케나짐이 사실 유전적으로는 유대인과 아무 관련이 없다는 주장도 있습니다.

서기 7세기부터 10세기까지 러시아 남부에는 하자르 왕국이 있었는데, 이 나라는 특이하게도 유대교를 국교로 삼았습니다. 그렇게 유대교로 개종한 하자르 왕국의 후손들이 아슈케나짐이 되었다는 겁니다. 다시 말해 지금 유대인의 주류를 이루는 아슈케나짐이 고대 유대인의 후손이 아닌 가짜 유대인이라는 주장입니다. 이는 1976년 아서 쾨슬러Arthur Koestler가 쓴 책《제13지파The Thirteenth Tribe》를 근거로 하는데, 이후 여러 논쟁을 낳았습니다.

하지만 최근 이루어진 유전자 분석을 통해 이는 사실이 아니라는 주장이 힘을 얻고 있습니다. DNA를 분석한 결과 아슈케나짐은 세파르드 유대인과 밀접한 연관이 있으며 다른 중동 민족과도 DNA가 가깝고, 하자르 왕국의 후손 사이에는 연관성을 찾을 수 없었다고 합니다. 게다가 아슈케나짐의 언어인 이디시어와 하자르 왕국의 언어를 비교한 결과 유사점을 찾을 수 없었습니다. 그래서 이 논쟁을 시작한 아서 쾨슬러 또한 정치적 의도가 있는 게 아니냐는 의심을 받기도 했습니다.

팔레스타인 땅을 되찾으려는 시오니즘 운동

한편 유대인이 떠난 예루살렘은 모두가 탐내는 땅으로 변해 있었습니다. 로마제국을 통해 기독교가 전 세계로 퍼지자 예수 그리스도가 십자가에 못 박혀 죽은 예루살렘이 기독교의 성지가 된 것이었죠.

또한 예루살렘은 이슬람의 성지이기도 했습니다. 이슬람교도들은 이슬람을 창시한 무함마드가 하늘로 승천했다고 알려진 곳에 황금 돔으로 유명한 바위의 돔 사원을 세웠습니다. 그런데 이곳은 공교롭게도 예루살렘성전이 있던 터였습니다.

이렇게 예루살렘은 유대교뿐 아니라 기독교와 이슬람교의 성지가 되었습니다. 하지만 평화와 사랑이 넘쳐날 것만 같은 이곳은 아이러니하게도 수많은 전쟁과 분쟁의 단초를 제공하게 됩니다.

이스라엘의 재건을 꿈꾸던 유대인 입장에서도 예루살렘이 주목받는 것은 그리 반가운 소식이 아니었습니다. 유대인들은 조상의 땅이자 약속의 땅인 팔레스타인 지방에 그들만의 국가를 세우려고 했는데, 이 운동을 '시오니즘'이라고 부릅니다. 참고로 시오니즘의 '시온Zion'은 예루살렘에 있는 한 언덕을 뜻하는 단어로, 예루살렘과 이스라엘을 상징합니다.

19세기 말 시오니즘 운동에 박차를 가한 인물은 오스트리아 출신 유대인 테오도르 헤르츨이었습니다. 신문기자였던 그는 프랑스에서 그 유명한 드레퓌스 사건을 목격했습니다. 드레퓌스는 프랑스의 장교였는데 그는 독일에 군사정보를 팔아넘겼다는 혐의를 받고 있었습니다. 재판 과정에서 드레퓌스가 무죄임이 드러났음에도 재판관들은 그가 유대인이라는 이유만으로 그에게 무기징역을 선고했죠.

이 사건으로 반유대주의가 얼마나 팽배한지를 확인한 헤르츨은 시오니즘 운동을 시작했습니다. 헤르츨은 그에 동조하는 유대인들을 불러 모아, 1897년 스위스 바젤에서 제1차 시오니스트 대회를 개최했습니다. 이때 헤르츨은 바젤 강령을 채택했는데, 이 강령의 요지는 고대 이스라엘이 있었던 팔레스타인 지역에 유대 국가를 건설하자는 것이었습니다.

시오니즘 운동은 효과가 있어서, 몇 년 뒤인 1900년 초반까지 약 1만 명의 유대인이 팔레스타인 지역에 정착했습니다. 하지만 이들이 처음부터 나라를 건설한 건 아니었고 팔레스타인

드레퓌스 사건은 반유대주의 정서를 보여준 사건이다.

의 토지를 구입해 소유한 정도였습니다. 이들은 먼저 팔레스타
인에 살고 있던 아랍인과도 비교적 평화롭게 공존했습니다.

초반에 유대인들이 이곳에 정착할 수 있었던 배경에는 유대
인 자본가들의 지원이 있었습니다. 금융업으로 막대한 자본을
축적한 이들은 정착민에 대한 재정 지원을 아끼지 않았습니다.

유대인의 정착을 도왔던 가장 대표적인 인물은 음모론에 자주 등장하는 로스차일드 가문입니다. 로스차일드 가문은 이후에도 지속적으로 이스라엘 건국을 도왔습니다.

영국이 심은 갈등의 씨앗

얼마 뒤인 1914년, 제1차 세계대전이 일어났습니다. 이 전쟁에서 영국은 중동 지역의 광활한 영토를 다스리던 오스만제국을 상대했습니다. 그 당시 팔레스타인 지역 또한 오스만제국의 영토였습니다.

그런데 영국은 오스만제국을 이기기 위해서 그만 무리수를 두게 됩니다. 지키지도 못할 이중계약을 한 것이죠. 영국의 헨리 맥마흔은 메카를 다스리던 아랍 지도자 샤리프 후세인을 만나 협정을 체결했습니다. 영국을 도와 오스만제국과 싸운다면, 그 지역에 아랍인의 독립국을 세우는 걸 돕겠다는 내용이었죠. 이것이 바로 '맥마흔-후세인 협정'입니다.

영국의 약속을 철석같이 믿은 아랍인들은 열심히 싸웠고 오스만제국에 큰 타격을 입혔습니다. 하지만 같은 시기 영국은 유대인의 재정 지원을 얻어낼 목적으로 유대인의 대표 격인 월터 로스차일드에게 편지를 보냈습니다. 편지에는 팔레스타인에 유대인 국가 건설을 지지하겠다는 약속이 담겨 있었습니다. 이를

'벨푸어 선언'이라고 부릅니다.

문제는 영국이 아랍인과 유대인에게 똑같은 약속을 했다는 것입니다. 이것은 현재까지도 이어지는 이스라엘과 팔레스타인 분쟁의 원인이 되었습니다. 그런데 여기서 끝이 아닙니다. 영국은 사실 프랑스와도 오스만제국의 분할에 관한 비밀 협정을 맺고 있었습니다. 이중 계약을 넘어 삼중 계약이었죠.

1918년, 전쟁이 영국의 승리로 끝나자 벨푸어 선언에 힘입은 유대인들이 팔레스타인으로 몰려들기 시작했습니다. 영국이 아랍인들과 맺은 맥마흔-후세인 협정은 결국 휴지 조각이 되었습니다. 늘어나는 유대인을 보면서 팔레스타인의 아랍인들은 조금씩 위기감을 느끼기 시작했죠. 제1차 세계대전이 끝나고 10년간 유대인의 인구는 두 배로 증가해 약 15만 명으로 불어났습니다. 하지만 80만 명의 아랍인에 비해서는 아직 소수에 불과했죠.

그런데 1933년, 독일에서 아돌프 히틀러가 집권하자 수많은 유대인이 나치 정권의 박해를 피해 팔레스타인으로 이주했습니다. 이때 팔레스타인의 유대인 인구는 비약적으로 증가해 약 45만 명에 이르렀습니다. 유대인들이 막강한 자본력을 바탕으로 땅을 사들이자 팔레스타인 사람들은 점차 자리를 잃고 밀려나기 시작했어요. 이에 불만을 품은 아랍인과 유대인 사이에 충돌이 일어나면서 이들 간의 갈등이 본격화되었습니다.

팔레스타인 분할에 이은 제1차 중동전쟁

하지만 이것은 단지 시작에 불과했습니다. 유럽에서 이스라엘 건국을 촉진하는 중대한 사건이 일어난 것입니다. 바로 '홀로코스트'라고 불리는 유대인 대학살입니다. 1941~1945년까지 유럽에 있던 900만 명의 유대인 중 3분의 2에 해당하는 약 600만명의 유대인이 나치 독일에 의해 학살되었습니다. 홀로코스트의 참상이 드러나자 유대인에 대한 동정 여론이 확산되었죠. 서방의 여러 국가들은 팔레스타인에 유대인 국가가 들어서는 것에 동조했습니다. 하지만 이미 팔레스타인에 살고 있던 아랍인을 무시하고 유대인만의 나라를 만들 수도 없는 노릇이었죠.

결국 1947년, 유엔은 팔레스타인을 아랍 국가와 유대 국가로 분할하는 안을 통과시켰습니다. 이로써 이스라엘 건국의 초석이 마련되었죠. 문제는 80만 명의 팔레스타인 사람들에게는 전체 토지의 44퍼센트가 주어진 반면, 약 50만 명이 안 되는 유대인들에게는 전체 지역의 56퍼센트가 주어진 거였죠.

당연히 팔레스타인인들은 유엔 결의안에 반대하면서 불만을 표출했습니다. 조상으로부터 대대로 물려받은 땅이니 절대 뺏길수 없다는 입장이었죠. 이에 대해 유대인은 팔레스타인인의 정체성을 공격했습니다. 애초에 팔레스타인이라는 나라나 민족이 없었으며, 이들은 원래 여기저기를 떠돌던 아랍인에 불과하다는 주장이었습니다. 그런데 유대인이 이곳을 살만한 땅으로 만들자

```
                                    Foreign Office,
                                    November 2nd, 1917.

    Dear Lord Rothschild,
                I have much pleasure in conveying to you, on
    behalf of His Majesty's Government, the following
    declaration of sympathy with Jewish Zionist aspirations
    which has been submitted to, and approved by, the Cabinet

            His Majesty's Government view with favour the
        establishment in Palestine of a national home for the
        Jewish people, and will use their best endeavours to
        facilitate the achievement of this object, it being
        clearly understood that nothing shall be done which
        may prejudice the civil and religious rights of
        existing non-Jewish communities in Palestine, or the
        rights and political status enjoyed by Jews in any
        other country"

            I should be grateful if you would bring this
    declaration to the knowledge of the Zionist Federation.
```

1917년 11월 2일, 영국 외교부 장관 아서 밸푸어가
영국의 유대계 유력 인사 라이어널 월터 로스차일드에게 보내는 서신.
'로스차일드 경께'로 시작하는 이 서신은 본문이 단 세 문장에 불과하지만
중동, 나아가 세계 역사의 방향을 정하는 문건이 되었다. 바로 밸푸어 선언이다.

이들이 갑자기 몰려와 정착했다는 겁니다. 그러니 유대인이 합법적으로 구매한 땅을 차지하는 게 당연하다는 말이었습니다.

결국 1948년 5월 14일, 유대인 대표 다비드 벤구리온은 아랍 진영의 불만을 묵살하고 이스라엘 건국을 선포했습니다. 로마에 의해 멸망한 지 2,000년 만에 유대인이 그들의 국가를 갖게 된

것입니다. 이에 대한 아랍 진영의 반응은 즉각적이었죠. 이스라엘이 건국을 발표한 바로 다음 날인 5월 15일, 아랍 진영의 레바논, 시리아, 요르단, 이집트가 이스라엘에 전쟁을 선포했습니다. 아랍 연합군은 영국군이 남기고 간 무기와 전차로 무장해 있었고, 특히 요르단은 막강한 군사력을 자랑했죠.

이에 반해 이스라엘군의 상황은 심각했습니다. 전차는커녕 탄약도 없어서 제대로 전투를 치를 수 없는 상황이었습니다. 이스라엘 입장에서 천만다행인 것은 아랍 연합군 대부분이 오합지졸인 데다가 크게 싸울 의지도 없다는 것이었습니다. 그 덕분에 이스라엘은 가까스로 적군을 막아낸 다음, 급히 무기를 수입해 전세를 역전시킬 수 있었습니다. 그렇게 제1차 중동전쟁은 이스라엘의 승리로 막을 내렸습니다.

팔레스타인 지역에 지배력을 굳힌 이스라엘

하지만 이것은 팔레스타인에는 재난과도 같은 일이었습니다. 전쟁에서 승리한 이스라엘은 원래 할당받은 56퍼센트보다 훨씬 더 넓은 78퍼센트의 땅을 차지했고, 수많은 팔레스타인인은 고향을 떠나 난민으로 전락했습니다.

팔레스타인은 이 과정에서 사람들이 강압적으로 추방되었고 만약 거부할 경우 무자비한 학살이 자행되었다고 주장합니다.

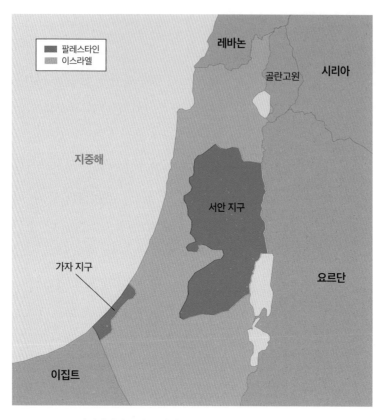

전쟁에서의 승리로 더 많은 땅을 차지한 이스라엘 지도.

하지만 이에 대해 이스라엘은 팔레스타인 사람들이 도망치거나 스스로 떠난 것이지 강제 추방은 없었다는 상반된 주장을 펼치고 있습니다. 과정이 어찌 되었든 대다수의 팔레스타인인은 전쟁 이후 비참한 상황에 놓였습니다. 고향을 떠난 팔레스타인인은 좁은 가자 지구와 서안 지구로 몰렸고, 이전보다 훨씬 더 열악한 환경에 처했습니다.

이집트, 레바논, 요르단 등 여러 나라로 흩어진 난민들도 상황이 암울하기는 마찬가지였습니다. 이들에게 일자리는 제한되었고 재산을 취득할 수도 없습니다. 그래서 대다수의 난민이 지금도 난민촌을 벗어나지 못하는 상황입니다. 오늘날 팔레스타인 난민의 수는 500만 명이 훨씬 넘는 것으로 추정됩니다. 팔레스타인 난민은 국제적 문제로까지 불거졌지만, 여전히 해결될 기미를 보이지 않습니다.

그 와중에 이스라엘과 아랍 국가 간의 갈등은 계속되었습니다. 양측은 1973년까지 총 4번의 전쟁을 벌였는데, 모든 전쟁에서 이스라엘이 아랍 진영의 공세를 막아냈습니다. 그 결과 이스라엘은 팔레스타인 지역의 지배권을 공고히 했고, 요르단이 지배하던 서안 지구와 이집트가 지배하던 가자 지구를 차지했습니다. 이로써 팔레스타인인 문제 또한 이스라엘이 떠맡게 되었죠.

이스라엘이 승리할 수 있었던 데는 미국의 도움이 컸습니다. 미국은 이스라엘에 대한 지원을 아끼지 않았고 외교 문제에서도 항상 이스라엘 편을 들어줬습니다. 미국의 유대인은 미국 전체 인구의 2.5퍼센트 정도에 불과하지만, 이들은 미국에서 막강한 영향력을 행사하고 있습니다. 그래서 소수의 유대인이 미국의 정치와 경제뿐 아니라 언론까지 장악하고 있다는 유대인 음모론이 있을 정도입니다.

또한 유대인은 미국 정치인을 상대로 다양한 로비 활동을 펼

제4차 중동전쟁에서 파괴된 이스라엘군 전차.
이스라엘은 개전 초기 이집트군과 시리아군의 기습 공격에 크게 당했다.

치는 데 그중 가장 대표적인 로비 단체로 미국·이스라엘 공공
문제위원회AIPAC을 들 수 있습니다. 미국·이스라엘 공공문제위
원회는 이스라엘을 돕기로 약속한 후보들에게 막대한 정치 후
원금을 지원하고 있어서 사실상 미국 정계를 움직인다고 할 수
있습니다. 이것이 바로 미국이 이스라엘을 지원할 수밖에 없는
이유입니다.

마침내 합의에 이르다, 그러나…

1957년, 팔레스타인의 상황에 불만을 품은 투쟁 단체인 '파타당Fatah party'이 창설되었습니다. 파타당은 이후 팔레스타인 해방기구를 뜻하는 'PLO'로 발전합니다. 이들의 지도자가 바로 야세르 아라파트입니다.

아라파트와 PLO는 팔레스타인 독립을 위해 싸웠지만 그들의 요구는 늘 묵살되기 일쑤였습니다. 그래서 이들은 초반에 납치와 시설 파괴 같은 테러 행위를 일삼았죠. 하지만 테러 행위의 부작용을 인식해서였는지 아라파트는 점차 협상 전략으로 돌아서게 됩니다.

한편 이스라엘은 PLO를 인정하지 않으면서 팔레스타인과의 협상에 미온적인 태도를 보였습니다. 그런데 과격 단체인 하마스가 등장하면서 분위기가 급반전되었죠. 하마스는 팔레스타인의 원래 주인은 아랍인이라고 주장하면서 유대인을 완전히 몰아내는 것을 목적으로 삼았습니다. 그래서 이스라엘과 어떠한 협상도 거부한다는 입장입니다.

과격 단체인 하마스를 키운 건 이스라엘이라는 주장도 있습니다. 중동 문제 전문가 토니 코데스먼에 따르면 이스라엘은 아라파트와 PLO를 견제하기 위해서 정책적으로 하마스를 밀어줬다고 합니다. 이스라엘 정보부인 모사드의 문건 또한 이를 증명합니다.

하지만 이스라엘이 기대한 것과는 다르게 하마스는 PLO를 훨씬 넘어서는 수준의 과격 단체로 성장했죠. 하마스의 전략은 최대한 많은 사상자를 내서 세계의 눈길을 중동으로 쏠리게 한 다음, 이스라엘 정책에 대한 비난 여론을 조성하는 것이었습니다. 그래서 이들은 자살 폭탄 테러도 서슴지 않을 만큼 더욱 과격해졌죠.

그러나 이러한 행동은 오히려 역효과를 낳았습니다. 이스라엘이 하마스의 테러 행위를 막기 위해 PLO와 협상에 나선 것이죠. PLO 입장에서도 하마스에 지배권을 빼앗기지 않으려면 다른 돌파구가 필요했습니다.

그렇게 1993년, 노르웨이의 수도 오슬로에서 이스라엘의 라빈 총리와 PLO 대표 아라파트 간의 회담이 성사되었습니다. 이들은 여러 사안에 대해 장시간 논의한 결과 최종적으로 합의에 도달했습니다. 오슬로 합의의 가장 큰 골자는 가자 지구와 서안 지구에서 팔레스타인의 자치를 인정한다는 것이었습니다. 하지만 팔레스타인 난민 문제처럼 민감한 부분은 논의가 미루어졌습니다.

이스라엘 라빈 총리와 아라파트 의장은 그들의 공로를 인정받아 노벨평화상을 공동 수상했습니다. 오슬로 합의는 찬사를 받았지만, 이후 큰 반발에 부딪혔습니다. 양측 모두 서로의 존재를 인정할 수 없었기 때문이죠.

가자 지구의 비극, 출구 없는 싸움

그로부터 얼마 뒤인 1995년, 라빈 총리는 암살되었고 아라파트는 팔레스타인인들로부터 배신자 취급을 받았습니다. 사실 오슬로 합의를 이행하기 위해서는 해결해야 할 많은 장애물이 존재했습니다. 앞서 말한 것처럼 주변 아랍 국가에는 수백만 명의 팔레스타인 난민이 있었습니다. 오슬로 합의에 따르면 이들이 돌아올 수 있는 곳은 가자 지구와 서안 지구로 제한되었습니다. 하지만 이곳은 이미 포화 상태여서 수많은 난민을 추가로 받아들이는 것이 불가능했습니다.

두 번째 장애물은 서안 지구의 유대인 정착촌입니다. 이스라엘의 인구는 꾸준히 늘어났습니다. 특히 소련의 유대인 이주가 허용된 1990년부터 이스라엘로 이주한 유대인의 수가 급격하게 늘어났습니다. 이스라엘은 이들을 수용하기 위해 서안 지구에 유대인 정착촌을 짓기 시작했습니다. 오늘날 서안 지구에만 144개의 유대인 정착촌이 있다고 합니다. 팔레스타인인들은 서안 지구에 뿌리를 내린 유대인 정착촌을 큰 위협으로 바라보고 있습니다.

세 번째 장애물은 동예루살렘입니다. 팔레스타인은 동예루살렘을 미래의 수도로 정했습니다. 하지만 이스라엘에게도 동예루살렘은 가장 중요한 지역이어서 영유권을 양보할 생각이 전혀 없습니다. 가장 큰 마지막 장애물은 하마스입니다. PLO를 계승한 팔레스타인 정당으로는 파타와 하마스가 있습니다. 이중 비교적 온건파에 해당하는 파타는 서안 지구에 기반을 두고 있고, 과격파인 하마스는 가자 지구를 다스리고 있습니다.

하마스의 가장 큰 지지층은 열악한 생활환경에 불만을 품은 빈민층입니다. 테러 행위가 계속되자 이스라엘 정부는 유혈 사태를 방지한다는 명목으로 가자 지구와 서안 지구에 8미터가 넘는 장벽과 검문소를 설치했습니다. 이 장벽은 팔레스타인인의 삶을 말할 수 없을 정도로 불편하게 만들었습니다. 검문소를 통

이스라엘-팔레스타인 전쟁으로 인한 팔레스타인 난민은
최소 500만 명이 훌쩍 넘는다.

과할 때마다 오랜 시간이 걸리기 때문에 학교와 직장을 다니는 게 어려워졌고, 이는 곧 경제적 빈곤으로 이어졌습니다. 물과 전기가 부족한 건 물론이고 생필품을 구하는 것도 여의치 않았죠. 이집트도 보안을 이유로 국경을 폐쇄해 가자 지구는 말 그대로 거대한 감옥이 되었습니다. 가자 지구 남쪽에는 이집트로 통하는 비밀 터널이 무려 2,000개가 있다고 하는데, 팔레스타인인들은 이 터널을 통해서 힘겹게 물자를 구해오는 실정입니다.

가자 지구의 불만은 극에 달해서 팔레스타인 어린이 3명 중 1명이 이스라엘과 싸우다 죽겠다고 답했다고 합니다. 이런 상황이 계속될수록 하마스는 더 큰 힘을 얻고, 하마스의 테러가 늘어날수록 이스라엘은 더욱 강경한 조치를 취하는 악순환이 반복되었습니다. 이 상황에서 가장 큰 피해를 본 것은 당연히 가자 지구의 주민들이었습니다. 하지만 하마스는 오히려 주민들의 희생을 부추기면서, 이스라엘에 대한 적대감을 그들의 행위를 정당화하는 프로파간다로 사용했습니다. 그렇게 양측은 출구 없는 싸움을 이어갔습니다.

이스라엘과 팔레스타인의 갈등은 단순히 선과 악으로 나누기에는 너무나 복잡한 역사와 감정이 얽혀 있습니다. 갈등의 해결을 위해서는 양측의 권리와 주장을 공정하게 고려하고, 평화적이고 지속 가능한 해결책을 모색하는 국제적 노력이 필요해 보입니다.

중동전쟁 영토 변천사

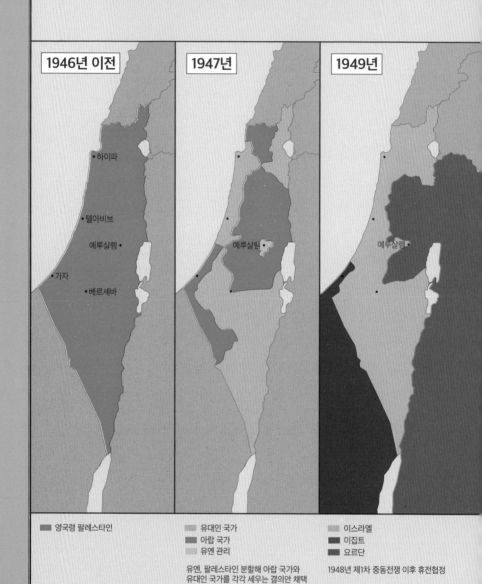

1946년 이전

- 하이파
- 텔아비브
- 예루살렘
- 가자
- 베르셰바

1947년

- 예루살렘

1949년

- 예루살렘

■ 영국령 팔레스타인

■ 유대인 국가
■ 아랍 국가
■ 유엔 관리

유엔, 팔레스타인 분할해 아랍 국가와
유대인 국가를 각각 세우는 결의안 채택

■ 이스라엘
■ 이집트
■ 요르단

1948년 제1차 중동전쟁 이후 휴전협정

1967년

골란
고원

서안 지구

예루살렘 •

• 가자 지구

나이반도

1985년

서안 지구

예루살렘 •

• 가자 지구

2023년

서안 지구

예루살렘 •

• 가자 지구

■ 이스라엘
■ 이스라엘 점령 지역

■ 이스라엘
■ 이스라엘 점령 지역
■ 골란고원

이스라엘 시나이반도를 이집트에 반환

■ 이스라엘
■ 팔레스타인

유엔, 국제사법재판소에 이스라엘의
팔레스타인 영토 서안 지구와
가자 지구 점령에 대한 적법 여부 요청

러시아

세계에서 가장 큰
나라의 시작

러시아는 지구 육지 면적의 10분의 1 이상을 차지할 정도로 거대한 나라입니다. 그나마 지금의 러시아 영토는 과거 소련 때보다 많이 줄어든 상태죠. 그렇다고 해도 러시아는 한국의 무려 170배 이상의 땅을 차지하고 있습니다. 하지만 이 나라가 어떻게 세계에서 가장 큰 나라가 되었는지는 잘 알려지지 않았죠. 과연 러시아는 어떻게 탄생했고, 어떻게 그렇게 넓은 땅을 차지할 수 있었을까요?

러시아의 기원을 유추할 수 있는 유일한 기록은 1110년 수도사들이 쓴 《원초 연대기Primary Chronicle》입니다. 많은 국가의 초기 역사가 그렇듯이 러시아의 초기 역사 또한 신화와 전설이 뒤섞여 있습니다. 그 당시 유럽 동부에는 슬라브족이 살고 있었죠. '슬라브'라는 이름이 '노예'를 뜻한다는 설이 있지만 확실하지는 않습니다. 슬라브족 중에서 동쪽에 위치한 민족을 '동슬라브족'이라고 불렀는데, 이들은 12개 종족으로 나뉘어 오늘날 러시아가 있는 광활한 지역에 폭넓게 자리 잡고 있었습니다. 그런데 이들은 서로 분쟁을 거듭할 뿐 통합된 하나의 세력을 형성하지는 못했습니다.

《원초 연대기》에 따르면 이렇게 서로 전쟁을 벌이던 슬라브족이 바이킹 일족인 루스를 찾아가 자신들을 통치해달라고 했습니다. 그래서 루스의 귀족 중 한 명인 류리크가 일족을 이끌고 와서 슬라브족의 통치자가 되었다는 겁니다. '루스'는 이후 러시아의 어원이 되었습니다. 이 기록이 사실이라면 루스는 북유럽에서 온 바이킹으로 해석할 수 있는데, 루스인이 슬라브족 중 한 종족이라는 기록도 있어 무엇이 사실인지는 알 수 없습니다.

최초의 러시아 국가인 키이우 루스

슬라브족의 초청을 받은 류리크는 북부의 중요한 무역도시 노브고로드의 지배자가 되었습니다. 이어서 882년, 류리크 다음으로 권력을 장악한 올레그가 남쪽의 키이우(러시아어로 키예프)

를 점령하고 수도로 삼았습니다. 그렇게 최초의 러시아 국가인 키이우 루스Kyiv Rus가 탄생했습니다. 그런데 키이우는 오늘날 우크라이나의 수도이기도 해서 이후 많은 논쟁거리를 낳고 있는데요. 키이우 루스를 러시아 고유의 역사로 해석할지 아니면 수많은 슬라브 민족의 역사 중 하나로 해석할지를 놓고, 우크라이나와 러시아 양국의 이해관계가 복잡하게 얽혀 있기 때문입니다.

세력을 확장한 키이우 루스는 인근의 강대국인 비잔틴제국, 하자르 왕국과 교류하게 됩니다. 비잔틴제국은 로마의 정통성을 이어받은 국가로 그 일대에서는 가장 선진국이었습니다. 하지만 북쪽과 동쪽에서 밀려드는 비기독교 국가의 압박을 받고 있었죠.

동쪽으로는 하자르 왕국이 있었습니다. 하자르 왕국은 동쪽에서 온 유목 민족이 세운 나라였지만 특이하게도 지배층은 유대교를 믿었습니다. 하자르 왕국에는 이슬람교도, 기독교인, 유대인이 뒤섞여 있어서 수많은 문명과 민족들이 서로 교류했던 곳이죠. 921년, 하자르 왕국의 수도인 아틸Atil에서 루스인을 처음 접한 아랍의 탐험가 이븐 파들란Ibn Fadlan은 이들에 대해 이렇게 기록했습니다.

"그들은 종려나무처럼 키가 크고, 금발에, 얼굴에서 혈색이 돌았다. 그보다 더 완벽한 인체를 본 적이 없다. 남자들은 모두 도끼, 장검, 단도를 가지고 있었고 늘 몸에 지녔다. 이들이 가장 귀하게 여기는 장신구는 초록 유리알이다."

키이우 루스는 이후 교역을 통해 비잔틴제국, 그리고 하자르 왕국과 많은 교류를 했는데요. 962년, 키이우 루스의 권력을 잡은 스뱌토슬라프는 하자르 왕국을 상대로 대규모 군사 원정을 떠났습니다. 먼저 볼가 불가르의 수도를 점령한 그는 계속해서 남쪽으로 진군해 하자르 왕국의 수도인 아틸을 약탈했습니다.

하자르 왕국은 이후에도 약 50년간 존속됐지만, 예전의 세력을 회복하지 못하고 서서히 몰락하게 됩니다. 그런데 동쪽 이민족의 침략을 막아주던 하자르 왕국이 약해지자 페체네그족과 같은 이민족이 몰려들기 시작했죠. 결국 스뱌토슬라프는 고국으로 돌아오던 중에 페체네그족의 습격을 받아 사망하고 말았습니다. 페체네그족은 그의 두개골에 금을 입혀서 술잔으로 만들었다고 합니다.

블라디미르의 통치하에 세력을 확장하다

스뱌토슬라프가 죽자 그의 세 아들 간에 내전이 벌어졌습니다. 그중 막내인 블라디미르는 전세가 불리해지자 외국으로 도망쳤습니다. 하지만 2년 뒤에 돌아와 형을 죽이고 키이우 루스의 통치자가 되었습니다. 이때가 980년이었죠. 블라디미르의 통치하에서 키이우 루스는 세력을 크게 확장했습니다. 폴란드가 빼앗았던 영토를 탈환했고, 골칫거리였던 페체네그족을 제압했죠. 또 비잔틴제국에서 일어난 반란을 진압하기 위해서 6,000명의 군사를 이끌고 남쪽으로 진군했습니다.

반란군을 진압해준 대가로 비잔틴제국의 황제는 블라디미르에게 그의 누이 안나와의 혼인을 제안했습니다. 단, 한 가지 조건이 있었는데요. 바로 기독교로 개종해야 한다는 것이었습니다. 결국 988년, 블라디미르는 세례를 받고 기독교를 키이우 루스의 국교로 선포했습니다.

키이우인들의 세례를 그린 그림. 키이우인이 집단으로 세례를 받은 장소 근처에는 현재 블라디미르 대공의 기념비가 있다.

당시의 키이우 루스를 문명화된 국가로 보기에는 다소 무리가 있습니다. 하지만 이웃 국가인 비잔틴제국, 하자르 왕국과 교류하면서 점차 선진 문물이 유입되었고, 결정적으로 비잔틴제국을 통해서 기독교를 받아들였죠. 이 과정에서 블라디미르는 키이우 루스에 공존하던 세 종교인 기독교, 이슬람교, 유대교 중에서 어떤 종교를 국교로 선택할지를 놓고 고민했다고 합니다. 그런데 이슬람교는 술을 금지한다는 이유로, 유대교는 패배한 민족의 신앙이라는 이유로 제외했습니다.

키이우 루스가 기독교를 받아들인 것에는 큰 의미가 있습니다. 기독교를 선택함으로써 고도로 발전된 비잔틴문화를 전면적으로 수용할 수 있었고, 나아가 기독교 세계의 일부가 되었으니까요. 다시 말해 국가의 정체성을 아시아가 아닌 유럽에 두게 된 것이죠.

잦은 내전에 휩싸이다

1015년, 블라디미르가 사망하자 키이우 루스는 또다시 내전에 휩쓸렸습니다. 후계자를 정하는 확실한 원칙이 없어서였죠. 결국 노브고로드를 근거지로 한 야로슬라프가 경쟁자를 물리치고 권력을 차지했습니다. 야로슬라프가 다스린 약 35년간의 통치기 동안 키이우 루스는 안정기에 들어섰습니다. 그는 정략결혼과 군사 활동을 통해 국경 지역을 안정시켰고, 그 덕분에 키이우 루스는 번영을 누렸습니다. 하지만 그가 사망하자 나라는 또다시 혼란에 빠지게 됩니다.

야로슬라프는 한 명을 후계자로 지명하는 대신 나라를 여러 공국으로 쪼개 아들들에게 통치를 위임했습니다. 그리고 맏아들인 이자슬라프에게는 키이우 루스의 중심지인 키이우를 물려주었습니다. 이자슬라프를 '키이우 대공'이라고 불렀는데, 이후에도 키이우 대공이 된 사람은 여러 공들 중 최고의 권력을 행사했습니다. 키이우 대공이 공석이 되면 다른 형제들이 한 단계씩 이동해 상위 공국의 영주가 되는 것이 원칙이었습니다. 하지만 이런 체계는 더 큰 혼란을 불러일으켰죠. 공의 수가 늘어날수록 누구에게 어떤 공국을 줄지가 애매해졌거든요. 이는 잦은 내전과 갈등의 원인이 되었습니다. 후계 쟁탈을 위한 내전은 끊임없이 이어져, 야로슬라프가 죽은 뒤 무려 150년간 계속되었습니다.

내전이 지속되면서 점차 키이우의 중요성이 약해졌습니다. 1169년, 로스토프와 수즈달 공국의 안드레이 보골륩스키가 키이우를 약탈하고 수도를 블라디미르로 옮겨버린 거예요. 블라디미르가 새로운 권력의 중심이 되면서 키이우 루스는 남과 북으로 갈라지게 됩니다. 키이우의 중요성이 떨어지게 된 또 다른 원인으로는 비잔틴제국의 몰락이 있습니다. 1202년, 십자군이 비잔틴제국의 수도였던 콘스탄티노플을 약탈하면서 비잔틴제국은 쇠락의 길을 걷게 됩니다. 키이우 루스로서는 중요한 동맹국

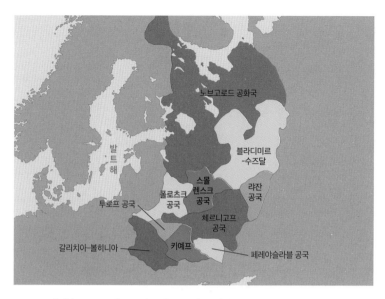

키이우 루스는 야로슬라프의 죽음 이후 여러 공국으로 쪼개지게 된다.

이 사라진 셈이었죠. 특히 비잔틴제국과의 교류가 활발했던 키이우 또한 활기를 점차 잃어갔습니다.

하지만 이런 어려움에도 키이우 루스는 발전을 멈추지 않았습니다. 주요 도시마다 수많은 건축물이 지어졌고 여전히 무역과 수공업이 활발하게 이루어졌습니다. 그 당시 키이우의 인구는 약 4만 명이었다고 하는데, 이는 동시대 런던보다 많고 파리와 비슷한 수준입니다. 그리고 같은 시기에 새로운 도시가 건설되는데, 이 도시가 바로 모스크바입니다. 이후 모스크바는 키이우 루스의 주요 도시 중 하나로 떠오르게 됩니다.

몽골제국 칭기즈 칸의 공격

키이우 루스가 여러 공국으로 나뉘어 있던 1223년, 동쪽에서 처음 보는 군대가 등장했습니다. 러시아인들은 연합군을 구성해 이들과 맞섰지만, 그해 5월에 있었던 칼카강 전투에서 전멸에 가까운 피해를 입었습니다. 간단히 러시아군을 제압한 이 정체 불명의 군대는 곧바로 다시 동쪽으로 사라졌습니다. 이들의 정체는 바로 몽골의 칭기즈 칸이 보낸 정찰부대였습니다. 칭기즈 칸의 진짜 공격은 이제부터가 시작이었습니다. 그로부터 10년 뒤인 1237년, 칭기즈 칸의 손자 바투가 이끄는 5만 명의 몽골군이 또다시 러시아 땅을 침공했습니다.

그 시대 몽골군은 천하무적이었죠. 어릴 때부터 말 위에서 생활하는 몽골군은 최강의 기마 부대를 이루었고, 송나라를 침략하면서 공성전마저 익혔습니다. 게다가 역사상 최고의 장군 중 한 명이라고 일컬어지는 수부타이가 몽골군을 지휘하고 있었죠. 이렇게 막강한 몽골군에게 러시아군은 전혀 상대가 되지 않았습니다. 몽골군은 러시아 땅을 휩쓸면서 랴잔, 수즈달, 블라디미르 등 북부의 여러 도시를 차지했습니다. 폐허가 된 랴잔에 대해서는 이런 기록이 전해집니다.

"도시의 누구도 목숨을 부지할 수 없었다. 모두 죽었다. 심지어 죽은 자들을 애도할 사람도 남아있지 않았다."

1240년 12월, 몽골군은 키이우를 점령한 다음 주민들을 몰살시키고 도시를 완전히 파괴했습니다. 키이우 루스가 역사 속으로 사라지는 순간이었습니다. 몽골군은 여기에 멈추지 않고 폴란드와 헝가리까지 파죽지세로 진격했습니다. 이대로라면 유럽 전체가 정복되는 것은 시간문제였죠.

그때 몽골 본국으로부터 몽골의 통치자인 오고타이 칸이 사망했다는 소식이 들려왔습니다. 그러자 바투는 후계자 경쟁에 참여하기 위해 군을 돌려 본국으로 돌아갔습니다. 그렇다고 몽골군이 러시아에서 완전히 물러난 건 아니었어요. 대 칸의 자리를 물려받지 못한 바투는 다시 러시아로 돌아와 킵차크한국을 세웠습니다. 러시아는 이후 300년 동안 몽골의 지배를 받게 됩니다.

바투는 먼저 러시아의 공후들을 킵차크한국의 수도 사라이로 불러들여 충성을 맹세하게 했습니다. 공후들은 그 후에도 정기적으로 사라이를 방문해 대 칸을 알현하고 계속 자신들의 영지를 통치할 수 있도록 윤허를 받아야 했죠. 또 자신의 공국에서 일어난 모든 일들을 샅샅이 보고해야 했습니다. 몽골은 세금으로 수입의 10분의 1을 징수했는데, 세금만 잘 낸다면 어느 정도의 자치를 허용했습니다. 하지만 세금을 내지 않거나 반란의 기미를 보인다면 잔인하고 철저하게 응징했죠. 이런 식으로 몽골은 소수의 병력만으로 광활한 러시아 땅을 지배할 수 있었습니다.

시간이 흐르자 기존의 키이우 루스 영토는 두 개로 나뉘었습니다. 키이우를 비롯한 남서쪽 공국들은 점차 리투아니아의 세력권으로 편입되었죠. 이후 이 지역은 폴란드-리투아니아 연방으로 발전해 러시아와는 다른 길을 걷게 됩니다.

모스크바의 부상

한편 몽골의 지배하에 있던 북동쪽 지역은 14개의 영지로 나뉘었고, 파괴된 키이우의 공백은 블라디미르가 가져갔습니다. 블라디미르가 러시아의 중심이 되자 그 인근에 있던 모스크바와 트베리가 힘을 얻었습니다. 두 도시는 러시아의 패권을 놓고 경쟁하는데 모스크바는 몽골에 철저히 복종하는 모습을 보이면서 환심을 샀죠. 반면 트베리는 모스크바와는 반대로 몽골에 반란을 일으켰다가 몽골과 모스크바 연합군에 의해 진압되었습니다. 경쟁자였던 트베리가 몰락하자 모스크바는 마음껏 세력을 넓혀서 블라디미르 대공의 자리까지 물려받았죠. 그렇게 모스크바는 러시아에서 가장 강력한 공국으로 성장했습니다.

그렇다면 몽골은 왜 모스크바의 성장을 막지 않았을까요? 거기에는 이유가 있었습니다. 당시 리투아니아가 한창 영토를 넓히고 있었기 때문에 모스크바 공국이 리투아니아를 상대하게 한 것이었죠. 그 덕분에 모스크바는 몽골의 지배하에서도 마음껏 세력을 팽창할 수 있었습니다. 모스크바가 성장할 시기, 몽골이 세운 킵차크한국은 어려운 시간을 보내고 있었습니다. 14세기 중반에 유행한 흑사병으로 많은 병력을 잃은 데다 강력한 티무르 제국의 침략을 받아 큰 타격을 입었거든요.

그러자 모스크바의 군주였던 돈스코이는 이 기회를 놓치지 않고 킵차크한국에 반기를 들었습니다. 그리고 1380년, 모스크바 공국은 쿨리코보 전투에서 몽골군을 상대로 승리를 거두었습니다. 몽골군의 불패 신화가 깨지는 순간이었죠. 쿨리코보 전투의 승리로 러시아와 몽골의 상황은 역전된 것처럼 보였습니다.

하지만 2년 후인 1382년, 몽골군은 또다시 공격을 감행해 모스크바를 포위했습니다. 몽골군은 공격에는 실패했지만 계략을 써서 모스크바의 성문을 열게 했습니다. 그 순간 몽골군은 밀물처럼 성안으로 들어가 모스크바의 주민 절반을 죽였다고 합니다. 모스크바의 지위는 격하되었고, 러시아의 공후들은 다시 킵차크한국에 충성을 맹세해야 했습니다. 러시아는 이후에도 오랫동안 몽골의 속국으로 남았습니다.

모스크바 공국은 큰 타격을 받았지만 곧바로 힘을 회복했습니다. 1456년에는 노브고로드를 합병하면서 이전보다 훨씬 더 강력한 공국으로 성장했어요. 쿨리코보 전투가 있은 지 약 100년 뒤인 1480년, 모스크바의 이반 3세는 킵차크한국으로부터 독립을 선언했습니다. 이에 몽골군이 쳐들어오자 양군은 모스크바 남쪽에 있는 우그라강을 사이에 두고 대치했어요. 그런데 몽골

1380년, 몽골제국과 모스크바 공국 사이에서 발생한
쿨리코보 전투를 묘사한 그림.

군은 어떤 이유에서인지 제대로 싸워보지도 않은 채 퇴각했습
니다. 그렇게 러시아는 마침내 몽골의 지배에서 완전히 벗어났
습니다.

광기의 이반 뇌제

이반 3세 때부터 모스크바 대공국은 야로슬라블과 로스토
프-수즈달, 트베리, 랴잔 등을 합병하면서 영토를 크게 넓혔습
니다. 1462년에서 1533년 사이에 모스크바 대공국의 영토는 무

려 3배 이상 늘었고, 모스크바의 인구는 약 10만 명에 달했습니다. 이는 같은 시기 런던 인구에 두 배에 달하는 수치입니다.

이반 3세는 수단과 방법을 가리지 않고 영토를 넓혀서 '땅 수집가'라는 별명을 얻었습니다. 또한 그는 스스로 비잔틴제국의 후계자이자 동방정교의 수호자를 자처했습니다. 비잔틴제국이 무너졌으니, 모스크바가 신앙을 지키는 유일한 수호자라는 것이었죠. 그렇게 모스크바는 공국을 넘어 러시아제국으로 나아갈 기반을 닦았습니다.

1505년, 이반 3세가 죽자 그의 장남인 바실리 3세가 뒤를 이었습니다. 그는 아버지의 유업을 이어받아 영토 확장에 힘쓰고 인근 슬라브계 공국들을 합병했습니다. 그러면서 그는 러시아의 귀족인 보야르의 세력이 커지는 것을 견제했죠. 러시아의 최고위 귀족층인 보야르는 엄청난 토지를 소유했으며, 왕실에서도 자신들의 영향력을 행사했습니다. 그래서 왕권이 약해지면 마음대로 나랏일을 처리했죠. 그러나 이반 3세와 바실리 3세 때는 강력한 왕권으로 보야르를 복종시켰습니다.

문제는 바실리 3세가 죽은 뒤에 발생했습니다. 1533년, 바실리 3세가 죽고, 겨우 세 살에 불과한 그의 아들 이반 4세가 뒤를 이었습니다. 처음에는 어머니 엘레나가 섭정을 했지만, 몇 년 뒤에 독살로 추정되는 사건으로 사망하고 말았죠. 이반 4세의 보호막이던 엘레나가 죽자 궁중의 보야르들이 날뛰기 시작했습니다. 그들은 어린 이반은 제쳐두고 그들만의 권력 다툼에 몰입했죠. 이반 4세가 성인이 되기까지 궁중에서는 14번의 살인사건이 있었다고 하니 얼마나 혼란스러웠는지 짐작할 수 있습니다.

게다가 보야르들은 이반 4세를 학대하기까지 했습니다. 이반은 구타를 당하는가 하면, 굶주림에 쓰레기 더미를 뒤졌다고 합니다. 이런 과정을 거치면서 이반의 성격은 점점 더 잔인하고 포악해졌습니다. 이반 4세는 이후 '사나움'을 뜻하는 '이반 뇌제'라는 별명을 갖게 된 배경입니다.

1547년, 성인이 된 이반 4세가 정식으로 '차르'로 즉위했습니다. 차르는 로마 황제를 뜻하는 용어로 이반 4세가 처음으로 사용했어요. 이때 나라 이름도 모스크바 대공국에서 루스 차르국으로 바꿨는데, 시간이 흐르면서 러시아가 됐습니다. 어린 시절 보야르에 대한 증오심을 키운 이반 4세는 차르가 되자, 강력한 왕권을 행사하면서 보야르들을 철저히 굴복시켰습니다. 그러다 그가 진심으로 사랑하던 아내 아나스타샤가 죽자 그는 본격적으로 광기에 사로잡히게 됩니다.

하지만 그가 폭정만 펼친 것은 아니었습니다. 그의 업적 중에서 가장 주목할 것은 러시아의 영토를 확장한 것입니다. 러시아는 킵차크한국이 분할되면서 생긴 카잔한국과 아스트라한한국을 정복하고 남쪽으로 영토를 크게 확장했습니다. 이반 4세는 이를 기념하기 위해 모스크바에 새 성당을 건축하게 했는데 이 성당이 바로 성 바실리 대성당입니다. 오늘날까지 이 성당은 모스크바를 상징하는 랜드마크로 남아있죠.

모스크바에 위치한 붉은 광장에서 바라본 성 바실리 대성당의 모습.
모스크바 공국의 대공이었던 이반 4세가 러시아에서
카잔한국을 몰아낸 것을 기념하며 봉헌한 성당이다.

끝을 모르는 러시아의 확장

카잔한국과 아스트라한한국을 정복하자 러시아에 마침내 시베리아로 가는 길이 열렸습니다. 우랄산맥 너머에 있는 시베리아에는 이렇다 할 산맥이나 강이 없습니다. 그래서 러시아가 급속도로 영토를 확장하기에 용이했죠. 러시아 서쪽으로는 강력한 폴란드-리투아니아 연방과 스웨덴이 버티고 있었습니다. 항구를 확보하는 것이 급선무였던 러시아는 발트해로 통하는 리보니아로 진격했습니다. 하지만 폴란드와 스웨덴에 막혀 뜻을 이루지 못했죠. 어쩔 수 없이 러시아의 시선은 동쪽으로 향했습니다. 시베리아의 광활한 땅을 차지한다는 목적도 있었지만 얼지 않는 항구 '부동항'을 찾는 것이 급선무였거든요.

시베리아 정복의 시작은 스트로가노프 가문과 시비르한국 간의 마찰이었습니다. 참고로 시비르한국과 카잔한국 그리고 아스트라한한국 모두 킵차크한국이 분할되는 과정에서 생긴 나라입니다. 스트로가노프 가문은 러시아로부터 넓은 영지를 임대받고 있었는데 시비르한국의 군대로부터 자주 공격을 받았습니다. 참다못한 스트로가노프 가문은 이반 4세에게 시비르한국을 공격할 수 있게 해달라고 요청했습니다. 승인이 떨어지자 스트로가노프 가문은 코사크 부대를 고용해 시비르한국을 습격했습니다. 코사크 부대는 권력의 사각지대에서 자생적으로 생겨난 마적단과 같은 무리였습니다. 이들은 이후 러시아가 시베리아를 정복하는 데 중요한 역할을 담당하게 됩니다.

1582년, 스트로가노프 가문이 고용한 540명의 코사크 부대는 페름을 출발해 시비르한국의 수도인 카쉴릭에 도착했습니다. 시비르한국은 기마병을 보내 공격했지만, 코사크 부대는 머스킷 총을 쏘면서 이들을 쉽게 격파했죠. 이와 함께 시베리아 진출의 마지막 장애물이 사라졌습니다.

한편 모스크바에서는 이반 4세가 광기를 주체하지 못하고 공포정치를 펼치고 있었습니다. 그는 친위대인 오프리치니키를 조직해 그에게 반역하거나 그럴 거라 의심되는 보야르를 무참히 처단했습니다. 또 그는 반역을 꾀했다는 이유로 노브고로드를 폐허로 만들기까지 했습니다.

그의 광기는 불행하게도 아들의 죽음으로까지 이어졌습니다. 어느 날 이반 4세는 황태자비의 옷차림이 마음에 안 든다면서 며느리를 때렸는데, 그 충격으로 황태자비는 임신한 아이를 유산하고 맙니다. 이에 황태자가 아버지에게 항의하자 이성을 잃은 이반 4세는 지팡이로 아들을 마구 구타했습니다. 정신을 차린 이반 4세는 쓰러진 아들을 보면서 후회했지만, 아들은 결국 아버지인 이반 4세의 손에 맞아 죽은 후였죠.

더 큰 비극은 죽은 황태자를 대신할 마땅한 후계자가 없다는 것이었습니다. 그로부터 3년 뒤인 1584년, 이반 4세가 사망하자 러시아는 이후 30년간 극심한 혼란기에 빠져들었습니다. 치열한 권력 다툼이 벌어졌고 가짜 차르와 사기꾼이 득세했습니다.

그사이에 농민들은 굶주림과 가난으로 큰 고통을 받았죠. 그리고 이 혼란은 폴란드가 개입할 빌미를 제공했습니다.

1610년, 폴란드군은 모스크바에 입성한 다음 폴란드의 왕자 브와디스와프를 차르로 세웠습니다. 폴란드와 러시아를 하나의 가톨릭 왕국으로 만들 셈이었죠. 이에 분노한 민중은 들고일어나 모스크바를 포위했고, 결국에는 러시아에서 폴란드군을 몰아내는 데 성공했습니다.

얼마 후 러시아인들은 국가 회의를 소집해 새로운 차르를 임명했는데, 그는 바로 로마노프 왕가의 첫 번째 차르인 미하일 1세였습니다. 이후 로마노프 왕가는 1917년 러시아제국이 멸망할 때까지 러시아를 지배하게 됩니다.

동쪽에서는 러시아가 코사크 부대를 앞세워 시베리아로 영토를 넓히고 있었습니다. 몽골이 사라지자 이들의 앞을 가로막을 세력은 한티족, 사모예드족, 퉁구스족과 같은 소규모 부족들뿐이었는데요. 이들은 당연히 러시아의 상대가 되지 못했습니다. 러시아는 부드러운 금이라 불리는 모피를 얻기 위해 계속해서 동쪽으로 진출했습니다. 러시아는 침략한 곳의 부족원을 인질로 잡고 원주민에게 모피를 바치라고 요구했습니다. 만약 협조하지 않으면 마을 전체를 불태우고 학살을 서슴지 않았습니다. 잘 알려지지 않았을 뿐이지 이때 러시아는 끔찍한 만행을 수도 없이 저질렀다고 합니다.

그 결과 러시아의 영토는 17세기 동안 두 배로 커졌습니다.

러시아는 1643년 최초로 바이칼 호수를 발견했고, 1647년에는 마침내 북태평양 연안에 도달했습니다. 러시아의 영토 확장은 청나라에 막힐 때까지 계속됐습니다. 하지만 러시아는 거대해진 영토에 비해 많은 면에서 낙후된 나라였습니다. 서유럽이 눈부신 발전을 거듭하고 있는 사이에 러시아는 여전히 과거에 멈춰 있었습니다. 이런 상황을 역전시킬 한 인물이 등장하는데 그가 바로 표트르대제였습니다.

표트르대제는 1682년 공동 황제로 즉위하여 1725년 사망할 때까지 러시아를 통치했습니다. 표트르대제의 목표는 러시아를 서구의 주요 강대국과 어깨를 나란히 할 수 있는 국가로 변모시키는 것이었습니다. 그래서 낙후된 러시아를 근대화하기 위한 광범위한 개혁을 추진했죠. 표트르대제의 리더십 아래 러시아는 국제적으로 영향력을 강화하고 근대화의 길을 걸었습니다.

그 후 1905년 일어난 러시아혁명, 1917년의 2월 혁명과 10월 혁명은 러시아 사회에 근본적인 변화를 불러왔습니다. 볼셰비키가 주도한 10월 혁명은 최초의 사회주의 국가인 소비에트 연방 정권의 수립으로 이어졌습니다. 러시아는 소비에트 연방의 핵심 구성국이 되었으며, 이후로 공산당의 일당 독재 체제 하에서 중앙집권적 계획경제가 시행되었습니다.

고르바초프 대통령은 개방 정책으로 소비에트 체제의 개혁을 시도했지만, 경제적 어려움과 민족주의 운동이 증가하면서 연방의 붕괴는 가속화되었습니다. 결국 1991년, 소비에트 연방

1917년 10월, 러시아 모스크바의 니콜스카야 거리에서
'공산주의'라는 현수막을 내걸고 행진하고 있는 병사들.

은 공식적으로 해체되었습니다. 이렇게 내부 개혁과 외부 확장을 역동적으로 오간 러시아는 국제사회와의 복잡한 관계 속에서 다양한 역사적 전환점을 경험했습니다.

러시아·우크라이나

끝나지 않은
분쟁의 역사

2022년 2월 24일, 러시아 푸틴 대통령이 우크라이나를 침공하면서 우크라이나 전쟁이 발발했습니다. 이 전쟁은 러시아와 우크라이나 사이의 오랜 역사적, 문화적 연관성을 뛰어넘는 국제적 문제로 확대되었습니다. 이 전쟁의 발발 이슈와 함께 역사적 배경을 살펴보겠습니다.

이야기는 지금으로부터 약 1,100년 전으로 거슬러 올라갑니다. 9세기 후반 동유럽에는 키이우라는 도시를 중심으로 한 국가, 키이우 루스가 있었습니다. 키이우 루스는 오늘날 우크라이나, 러시아, 그리고 벨라루스의 기원이 되는 나라입니다. 그런데

1236년, 칭기즈 칸의 손자 바투가 키이우를 완전히 파괴하고 키이우 루스를 멸망시켰는데요. 당시 5만 명에 달했던 키이우 주민 중 단지 2,000명만 살아남았다는 이야기가 전해질만큼 몽골군은 잔혹한 학살과 약탈을 자행한 것으로 알려져 있습니다.

몽골의 침략으로 키이우가 몰락하자 당시 작은 도시 공국이던 모스크바가 그 자리를 대신했습니다. 점차 세력을 확장한 모스크바 공국은 몽골을 몰아내고 루스 차르국을 세웠습니다. 루스 차르국은 이후에 러시아가 되었습니다. 한편 키이우를 비롯한 남서쪽 공국들은 리투아니아에 편입되면서 러시아와는 다른 길을 걷게 되는데요. 러시아에서 분리된 이 지역이 바로 지금의 우크라이나입니다.

소련의 해체로 불안한 독립을 맞은 우크라이나

16세기에 우크라이나는 한때 폴란드에 합병되었지만, 이후 19세기까지 대부분의 우크라이나 영토는 러시아제국에 통합되었습니다. 1917년, 러시아혁명이 일어나자 우크라이나는 잠시 독립을 선언하기도 했습니다. 하지만 얼마 뒤인 1922년, 소비에트 연방에 강제로 합병되고 맙니다.

그러다 1991년, 우크라이나는 큰 전환점을 맞이했습니다. 소련이 해체되면서 우크라이나가 드디어 독립국가가 된 것이죠.

하지만 이것은 불안한 독립이었습니다. 우크라이나는 러시아와 국경을 맞대고 있을 뿐 아니라 우크라이나 인구의 상당수가 러시아 출신이었거든요. 크림반도의 경우 무려 70퍼센트가 러시아계일 정도였습니다. 게다가 우크라이나와 러시아는 언어, 문화, 종교에 있어서 많은 공통점을 공유했죠. 그래서 우크라이나는 독립한 이후에도 러시아와 긴밀한 관계를 유지했습니다.

러시아 입장에서도 우크라이나를 잃는 건 엄청난 손실이었습니다. 우크라이나에는 산업 시설이 밀집해 있었고, 세계 4대 곡창지대 중 하나로 알려질 만큼 중요한 식량 생산지였으니까요. 그렇기 때문에 러시아는 호시탐탐 우크라이나를 다시 복속시킬 기회를 노리고 있었습니다. 하지만 우크라이나인이 가진 러시아에 대한 기억은 그렇게 호의적이지만은 않습니다. 1932~1933년, 스탈린의 통치하에서 우크라이나에는 대기근이 발생해 최소 800만 명 이상이 굶어 죽었는데요. 이 사건을 '굶주림을 통한 살해'란 뜻인 '홀로도모르'라고 부릅니다.

게다가 제2차 세계대전을 치르면서 수많은 우크라이나인이 희생을 강요받았습니다. 4,100만 명이 넘었던 우크라이나 인구는 전쟁이 끝날 무렵에는 2,700만 명으로 줄었을 정도였죠. 무려 1,500만 명이 전쟁으로 인해 사망하거나 우크라이나를 떠난 것입니다. 이처럼 소련 시절의 끔찍했던 기억이 있다 보니, 우크라이나인은 쉽게 러시아에 우호적인 감정을 가질 수 없었습니다.

1933년, 우크라이나에 발생한 대기근으로 거리에 굶어 죽은 시체가 굴러다녔다.
이 대기근을 '굶주림을 통한 살해'란 뜻인 '홀로도모르'라고 부른다.
우크라이나 국립 홀로도모르 전시관에 있는 조각상이 당시 끔찍했던 상황을 보여준다.

이런 배경에서 갑작스럽게 독립한 우크라이나는 여러 가지 문제에 봉착했습니다. 독립에 동조하지 않는 많은 수의 러시아계 주민들이 있었고, 정치적으로나 경제적으로나 불안정한 상태였습니다. 러시아는 그런 점을 이용해 우크라이나 정치에 깊이 개입했습니다.

결국 우크라이나는 러시아의 영향력에서 벗어나기 위한 방책으로 북대서양 조약 기구인 나토NATO 가입을 추진했습니다. 하지만 이것이 러시아의 심기를 건드렸죠. 소련 해체 이후 러시아의 가장 큰 우려는 나토의 동진東進 정책이었습니다. 구소련 영향권에 있던 동부 유럽 국가들은 끊임없이 나토에 가입하려고 했고, 러시아는 이를 막으려고 했습니다. 그럼에도 1999년에 체코, 폴란드, 헝가리가 나토에 가입했죠.

상황이 이렇게 되자 러시아는 우크라이나마저 나토에 가입하는 것을 절대 용납하지 않겠다고 경고했습니다. 러시아 입장에서 우크라이나는 러시아의 안보를 위한 최후의 보루였으니까요. 그렇게 우크라이나를 놓고 서방과 러시아 간의 첨예한 갈등이 시작되었습니다.

하지만 당시 러시아는 공산주의에서 자본주의로의 변환기에 있어서 우크라이나 문제에 집중할 상황이 아니었습니다. 러시아 정부 내에서는 부패가 만연했고, 급기야 부채를 상환하지 못해서 금융 위기까지 발생했죠. 혼란을 극복하고 경제를 안정시키려면 서방의 지원이 필수적이었습니다. 서방의 눈치를 봐야 했던 러시아는 무기력하게 동유럽 국가들이 연달아 나토에 가입하는 것을 그냥 지켜볼 수밖에 없었습니다.

스트롱맨 푸틴의 등장과 크림반도 병합

이때 러시아에 한 인물이 등장했습니다. 2000년, 블라디미르 푸틴이 대통령에 당선된 것이죠. 소련 시절 국가보안위원회 소속이었던 푸틴은 강렬한 카리스마를 바탕으로 대중에게 큰 인기를 끌었습니다. 대통령이 된 푸틴은 특권계층을 척결했고, 그 덕분에 러시아는 점차 경기가 회복되면서 금융 위기에서 벗어나게 됩니다. 2004년, 재집권에 성공한 푸틴은 '강한 러시아 건설'을 외치는 한편 '스트롱맨' 이미지를 계속해서 부각하며 인기몰이를 했습니다. 푸틴은 대중의 인기를 바탕으로 점차 독재자로 변모했죠. 러시아인들이 민주주의보다는 민족의 자긍심을 높여줄 영웅에 환호한 결과였습니다.

국민의 지지에 자신감을 얻은 푸틴은 우크라이나를 러시아 편으로 끌어들이기 위해 우크라이나 내정에 간섭하기 시작했습니다. 마침 2010년 선거에서 친러시아 성향인 야누코비치가 우크라이나 대통령에 당선되었습니다. 하지만 야누코비치는 언론 탄압과 각종 부패를 저질러 국민의 원성을 사게 됩니다. 게다가 그는 유럽연합과의 경제 협력을 외면하고 러시아와의 무역에

유로마이단 혁명은 푸틴에게 전쟁의 빌미를 제공하는 사건이었다.

치중하는 등 노골적인 친러 정책을 폈습니다.

그러자 2014년 2월, 수도 키이우를 중심으로 야누코비치에 반대하는 대대적인 시위가 발생했습니다. 야누코비치 정부는 실탄까지 발포하면서 시위대를 강경 진압했고, 그 과정에서 약 100명의 시위자가 목숨을 잃었습니다. 하지만 이것은 오히려 역효과를 낳아서 시위는 더욱 격화되었습니다. 결국 야누코비치는 우크라이나를 떠나 러시아로 망명했습니다. 2014년의 이 사태를 '유로마이단 혁명'이라고 부릅니다. 한편 상황을 지켜보던 푸틴은 유로마이단을 서방의 지원을 받은 불법 쿠데타로 간주하고, 우크라이나에 진출할 좋은 빌미로 삼았습니다.

2014년 3월, 러시아는 무력으로 우크라이나 남부에 있는 크림반도를 병합했습니다. 앞에서 말한 것처럼 크림반도는 인구의 절반 이상이 러시아계여서 러시아에 대한 거부감이 상대적으로 적은 지역이었죠. 게다가 흑해에 위치한 크림반도는 지리적으로나 군사적으로나 매우 중요한 곳이었습니다.

러시아가 크림반도를 병합한 명분은 우크라이나의 혼란으로부터 러시아인을 보호한다는 것이었습니다. 러시아는 크림반도 주민들이 자진해서 러시아에 편입되길 요청했다고 말했지만, 실제로는 러시아의 사전 공작과 개입이 있었던 것으로 보입니다.

크림반도에 부대 마크를 달지 않은 소속 불명의 군인들이 갑자기 보이기 시작했습니다. '리틀 그린 맨'이라고 불린 이들은 처음에 우크라이나의 친러 세력으로 알려졌지만, 이후에 이들이 러시아군이라는 사실이 드러났습니다. 러시아가 진실을 은폐하기 위해 부대 마크를 뗀 것이었죠. 리틀 그린 맨은 빠르게 크림반도의 정부 건물과 주요 시설을 장악했습니다. 유로마이단 사태로 아직 혼란에 빠져있던 우크라이나 정부는 적극적으로 대처하지 못했고, 그렇게 크림반도는 러시아에 흡수되고 말았습니다.

그러자 러시아계가 주를 이루고 있던 우크라이나 동남부 지역에서도 친러시아 세력이 행동에 나섰습니다. 민병대를 조직한 이들은 러시아로의 병합을 외치면서 우크라이나 정부군과 충돌하기 시작했습니다. 특히 돈바스 지역에서 양 세력은 팽팽하게 대치했습니다.

돈바스 지역은 우크라이나 동부의 루한스크주와 도네츠크주를 아우르는 지역으로 친러 성향의 인구 비율이 특히 높은 지역입니다. 돈바스 지역의 분리주의자들이 우크라이나로부터 독립을 선언하자 러시아는 이들에게 군사적 지원을 제공했습니다. 그래서 단시간에 끝났을 수도 있던 전쟁이 장기전 양상으로 흘러갔습니다. 이에 양국은 '민스크 협정'이라는 정전협정을 맺었습니다. 하지만 정전협정은 지켜지지 않았고 돈바스 지역에서의 무력 충돌은 계속되었습니다.

푸틴이 주장하는 우크라이나 침공의 세 가지 명분

그로부터 5년 뒤인 2019년, 젤렌스키라는 인물이 우크라이나의 새로운 대통령이 되었습니다. 그는 코미디언 출신으로 2015년에 방영된 드라마에서 대통령 역을 맡아 국민적인 인기를 끌었는데요. 실제로 그가 대통령에 당선된 것입니다. 하지만 아무런 정치 경험이 없던 젤렌스키가 제대로 대통령직을 수행

할 수 있을지는 미지수였습니다. 게다가 그의 적수는 노련한 러시아의 독재자 푸틴이었죠.

대통령이 된 젤렌스키는 푸틴에게 여러 번 회담을 제안했습니다. 아마 임기 초반만 하더라도 협상을 통해 평화롭게 문제를 해결하려고 했을 겁니다. 하지만 푸틴은 크림반도와 돈바스 지역에서 조금도 물러나지 않겠다는 기존의 입장만 되풀이할 뿐이었죠. 이에 젤렌스키는 더 이상의 대화를 포기하고, 크림반도와 돈바스를 탈환한다는 계획을 세웠습니다.

젤렌스키가 러시아에 강경한 태도를 보이자 러시아도 가만히 있지 않았습니다. 2021년 초, 약 10만 명에 달하는 러시아 병력이 국경 지역에 집결했죠. 전쟁 위협을 감지한 서방은 여러 번 대화를 시도했지만, 여전히 러시아는 미온적인 태도를 보였습니다. 결국 2022년 2월 24일, 러시아는 우크라이나에 대한 전면적인 침공을 개시했습니다. 본격적인 우크라이나 전쟁의 시작이었습니다.

2024년 〈폭스뉴스〉의 전 앵커였던 터커 칼슨이 푸틴을 인터뷰했는데요. 이 인터뷰에서 푸틴은 왜 우크라이나를 침공했는지를 설명했습니다. 푸틴이 제시한 명분은 크게 세 가지였습니다.

먼저 푸틴은 우크라이나와 러시아가 사실 한 민족이라고 주장했습니다. 양국은 원래 한 나라였는데, 몽골의 침략을 기점으로 갈라졌다는 겁니다. 그러다 폴란드가 우크라이나를 지배하면서 그 지역 주민들이 갖고 있던 러시아인으로서의 정체성을 지우고 그들을 '변경'이라는 의미를 가진 '우크라이나'인이라고 불렀다고 설명했습니다. 다시 말해 '우크라이나'라는 민족이 따로 있는 것이 아니라 정치적인 목적으로 만들어진 인위적인 정체성이라는 겁니다. 그러니 러시아가 우크라이나를 합병하는 게 정당하다는 논리였죠.

하지만 푸틴의 말에는 어폐가 있습니다. 지난 세월 동안 수많은 민족과 나라가 갈라지거나 합쳐지기도 했습니다. 만약 지구의 모든 나라가 역사적 당위성을 따지면서 과거로 돌아가려고 한다면 전 세계는 그야말로 대혼란에 빠지게 될 겁니다. 푸틴의 말대로라면 몽골제국이 과거에 러시아를 지배했으니 몽골이 다시 러시아를 차지해도 괜찮다는 말이 됩니다.

푸틴이 제시한 두 번째 명분은 유로마이단 사태로 인한 우크라이나 정권 교체의 배후에 서방 세력이 있다는 것이었습니다. 유로마이단 사태는 서방 세력이 배후에서 조종한 불법 쿠데타이며, 그로 인해 우크라이나가 사실상 나토의 전초기지가 되었다는 겁니다. 이 모든 상황은 러시아의 잠재력을 두려워한 서방이 러시아를 압박하기 위해 벌인 일이라고 푸틴은 주장했습니다. 하지만 푸틴은 시위대의 배후에 CIA나 다른 서방 세력이 있었다는 구체적인 증거를 제시하지는 못했습니다.

마지막 명분은 우크라이나의 네오나치 세력입니다. 푸틴에 따르면, 제2차 세계대전이 발발했을 때 우크라이나의 민족주의자들이 히틀러에게 협력했다고 합니다. 나치에 협조한 우크라이

러시아 남부 로스토프나도누를 장악한 바그너 그룹 용병들의 모습.

나인들이 유대인과 러시아인 학살에 참여했다는 거예요. 이들이 현재 우크라이나에서 국가적 영웅으로 대접받으면서, 나치주의와 민족주의가 위험 수치를 넘어서 팽배하다는 겁니다. 푸틴은 우크라이나의 네오나치 세력이 러시아에 대한 혐오를 부추기고 러시아계 주민을 탄압하고 있다고 말했습니다.

이때 푸틴을 인터뷰하던 칼슨은 이런 질문을 던졌습니다. "아무리 그래도 어떻게 다른 나라 사람들의 사상이나 역사관을 통제할 수 있느냐"고 말이죠. 이에 푸틴은 "민스크 협약에서 우크라이나와 네오나치즘을 금지하기로 합의했다"고 말하면서 칼슨이 질문한 요지를 비켜갔습니다.

우크라이나에 네오나치 세력이 있다는 푸틴의 주장이 완전히 틀린 것은 아닙니다. 제2차 세계대전 중에 우크라이나에서만 150만 명의 유대인이 학살되었고, 이때 많은 우크라이나인이 나치에 협조했으며, 네오나치 성향의 부대가 우크라이나군에 편입된 것도 널리 알려진 사실입니다. 대표적으로는 아조우 연대가 있죠.

하지만 우크라이나에 아조우 연대가 있다면 러시아에도 바그너 그룹이 있습니다. 러시아의 민간 군사 기업인 바그너 그룹은 네오나치 성향이 있는 드미트리 우트킨 장교가 조직했습니다. 게다가 부대 이름인 바그녀도 히틀러가 좋아했던 작곡가에서 따온 것이었죠. 러시아도 자국에 네오나치 세력이 있다는 비판에서 결코 자유로울 수 없습니다.

예상외로 러시아군을 막아낸 우크라이나군

표면적인 명분과는 별개로 푸틴이 전쟁을 일으킨 진짜 이유에 대해서는 큰 의문이 있습니다. 러시아가 군사행동에 나선다면 서방으로부터 강력한 경제 제재를 받을 게 분명했습니다. 그렇게 되면 러시아 경제는 큰 타격을 감수해야 했죠. 아무리 우크라이나가 러시아에 중요한 의미를 가진다고 해도, 러시아 입장에서는 득보다 실이 많은 전쟁이었습니다.

하지만 이를 감수하고 러시아는 전면전을 개시했습니다. 이때 러시아가 동원한 병력은 약 15만 명 정도로 추정됩니다. 러시아는 우크라이나와의 전쟁을 단시간에 끝내려고 했던 것 같습니다. 객관적인 전력은 러시아가 우크라이나를 압도했습니다. 특히 과거 러시아가 크림반도를 접수했을 때를 돌이켜보면 우크라이나군은 전쟁에 속수무책이었죠. 러시아군은 우크라이나 북부, 남부, 동부로 한꺼번에 쳐들어왔습니다. 또 러시아에 우호적인 벨라루스를 통해서도 많은 수의 러시아군이 우크라이나를 침공했죠. 여기에 더해 러시아는 키이우에 있는 젤렌스키를 사로잡아 정부를 마비시키는 참수 작전을 수행했습니다.

전쟁이 시작된 지 약 2시간 뒤인 아침 8시, 키이우 인근의 안토노프 공항에 수십 대의 러시아 헬기가 들이닥쳤습니다. 러시아군의 목적은 공항을 접수해서 이곳에 군부대와 대형 수송기를 투입하는 것이었습니다. 그렇게 되면 삽시간에 많은 병력을 이동시켜 손쉽게 키이우를 차지할 수 있었죠. 하지만 우크라이나군이 신속하게 대응해 공항 활주로를 파괴함으로써 러시아의 초기 작전은 실패로 돌아갔습니다. 빠르게 전쟁을 끝내려던 러시아의 계획에도 차질이 생겼죠.

그래도 상황은 여전히 우크라이나에 불리해 보였습니다. 다급해진 우크라이나가 독일에 지원을 요청하자 독일 재무장관인 크리스티안 린트너는 이렇게 말했다고 합니다.

"길어야 48시간 이내에 없어질 나라를 왜 도와야 합니까?"

하지만 이런 부정적인 예측에도 불구하고 우크라이나군의 저항은 만만치 않았습니다. 개전 당시 우크라이나의 총 병력은 20만 명 정도로, 15만 명인 러시아군보다 수적으로 유리했습니다. 게다가 우크라이나는 러시아가 침공할 것을 예상하고 대비하고 있었죠. 우크라이나군은 러시아의 공세를 막아내면서 끝까지 키이우를 비롯한 우크라이나 북부를 방어했습니다. 키이우 공략이 뜻대로 흘러가지 않자 러시아군은 결국 키이우에서 철수했습니다. 군을 분산시키는 대신 우크라이나 동부와 남부를 공략하는 데 병력을 집중하려는 것이었죠.

푸틴은 터커 칼슨과의 인터뷰에서 러시아군이 키이우에서 철수한 이유에 대해 흥미로운 말을 남겼는데요. 개전 초기 러시아와 우크라이나 양국은 이스탄불에서 만나 정전 협상을 논의한 적이 있었습니다. 푸틴에 따르면 이때 평화 협상이 거의 성사 단계에 있어서 당시 키이우를 포위하고 있던 러시아군도 전쟁이 끝날 것으로 생각해 포위를 푼 것이었다고 합니다. 하지만 키이우에서 러시아군이 물러나자마자 우크라이나가 즉각 협상을 중단했다는 것이 푸틴의 주장입니다.

푸틴은 협상이 결렬된 가장 큰 원인으로 영국의 전 총리 보리스 존슨을 지목했습니다. 정전협정이 성사되려던 순간에 보리스 존슨이 우크라이나에 지원을 약속하면서 러시아와 계속해서 싸우라고 설득했다는 겁니다. 만약 보리스 존슨이 아니었다면 전쟁은 이미 1년 반 전에 끝났을 거라고 푸틴은 덧붙였습니다. 이후 이 말을 들은 보리스 존슨은 푸틴을 히틀러에 비유하면서 격렬하게 비난했다는 후문이 있습니다.

치열하지만 정체된 전세

러시아군이 키이우에서 물러나자 이제 격전지는 우크라이나 동부가 되었습니다. 이곳에서 양군은 일진일퇴를 거듭했습니다. 우크라이나가 꿋꿋하게 버티는 모습을 보이자 서방으로부터 조금씩 군사원조가 도착하기 시작했습니다. 하지만 러시아의 눈치를 봐서였는지 서방은 우크라이나에 장거리 미사일이나 전투기 같은 고성능 무기를 제공하지는 않았습니다. 괜히 러시아를 자극했다가 전쟁이 확대되는 것을 걱정해서였죠.

그래서 우크라이나군은 러시아군을 상대로 고전을 면치 못했습니다. 러시아군은 압도적인 화력을 앞세워 우크라이나 남부의 도시 마리우폴을 함락했습니다. 마리우폴은 우크라이나 남부와 돈바스 지역을 연결하는 중요한 요충지였죠.

러시아군은 여세를 몰아 돈바스 지역을 장악했고, 크림반도 북쪽으로도 진격을 계속했습니다. 하지만 우크라이나도 마냥 러시아군에게 당하고만 있지는 않았습니다. 그해 7월, 총동원령을 내린 젤렌스키가 100만 명에 육박하는 병력을 동원해 반격을 개시했습니다. 우크라이나군이 처음으로 공세에 나서는 순간이었습니다. 그 결과 우크라이나군은 하르키우에서 러시아군을 몰아냈고, 돈바스 지역의 이지움과 리만을 탈환했습니다.

이에 위기감을 느낀 푸틴도 러시아에 부분 동원령을 내렸습니다. 이는 최대 100만 명에 달하는 러시아 병력이 우크라이나 전쟁에 새로 투입된다는 것을 의미했습니다. 이로써 전쟁은 새로운 국면을 맞이했습니다.

해가 바뀌어 2023년이 되어서도 양국은 치열한 전투를 이어갔습니다. 하지만 양군이 방어진을 공고히 해서 전쟁은 다소 정체되었습니다. 그래서인지 2023년 이후 전선의 변화가 거의 없다시피 했죠. 2022년에 약 13만 제곱미터의 전선 변화가 있었던 반면, 2023년의 전선 변화는 900제곱미터에 불과 했습니다. 반격을 노렸던 우크라이나군도 무기와 탄약 부족으로 기세가 꺾인 상태였죠.

정작 러시아군의 가장 큰 위기는 군 내부에서 발생했습니다. 2023년 6월, 러시아의 바그너 그룹이 갑자기 전장을 이탈해 모스크바로 진군한 것이죠. 바그너 그룹은 러시아의 민간 군사 기업으로, 정식 러시아군이 아니지만 실질적으로는 러시아군이나 마찬가지였습니다. 러시아는 국제 여론을 의식해 미처 군을 파견하지 못한 곳에 늘 바그너 그룹을 투입했습니다. 그렇게 러시아는 시리아, 우크라이나, 아프리카 등지에 영향력을 행사하면서도 러시아와는 무관한 일로 위장할 수 있었습니다.

바그너 그룹의 수장은 예브게니 프리고진이라는 인물이었습니다. 프리고진은 푸틴의 최측근입니다. 그런 그가 2023년 6월 23일, 난데없이 바그너 그룹을 이끌고 모스크바로 진격했습니다. 러시아뿐 아니라 전 세계가 충격에 빠졌습니다. 프리고진은 무능한 군 수뇌부를 축출하기 위해서 모스크바로 향했다고 밝혔지만, 러시아 정부는 이를 무장 반란으로 규정했습니다.

만약 프리고진이 모스크바를 장악하면 우크라이나 전쟁이 끝나는 것은 물론이고, 러시아의 운명조차 장담할 수 없었습니다. 그런데 모스크바 공격을 앞두고 겁을 먹어서였는지, 프리고진은 갑자기 군을 철수시키고 벨라루스로 망명했습니다. 그렇게 모두를 놀라게 한 바그너 그룹의 반란은 한때의 해프닝으로 끝을 맺었습니다. 참고로 반란을 주도했던 프리고진은 몇 달 뒤 의문의 비행기 추락 사고로 사망하고 말았습니다.

깨지는 균형, 최후의 승자는?

2024년 말 무렵, 전황은 우크라이나에 불리하게 돌아갔습니다. 우크라이나는 최대 격전지였던 아우디이우카에서 패하면서 팽팽하던 균형의 추는 점점 러시아 쪽으로 기우는 양상을 보였습니다. 이 전투에서 사망한 우크라이나군 전사자만 1,500명 이상으로 알려졌습니다. 기세가 오른 러시아군은 모든 전선에서 우크라이나군을 압박했죠. 우크라이나의 패색이 짙어진 가장 큰

262

원인은 탄약과 무기 부족입니다. 설상가상으로 전쟁이 장기화되면서 서방마저 우크라이나를 지원하는 것에 소극적인 태도를 취하기 시작했습니다.

만약 서방이 지원을 끊는다면 우크라이나가 점차 궁지에 몰릴 가능성도 있습니다. 이런 이유로 러시아가 일부러 장기전을 유도해서 우크라이나의 전력과 무기를 최대한 소진시키려는 전략이라는 분석도 나왔습니다. 반면 러시아도 서방의 경제 제재로 큰 타격을 받아 전쟁을 오래 지속하지는 못할 거라는 주장도 있었습니다.

미국이 러시아에 대한 경제 제재로 러시아의 달러 사용을 막기도 했습니다. 이에 대해 푸틴은 러시아가 이미 달러를 대체할 다른 방법을 찾았으며 모든 제재에도 불구하고 러시아 경제가 여전히 건재하다고 자랑했죠. 하지만 이 말이 사실인지 아니면 푸틴의 일방적인 주장인지는 확실치 않습니다.

양측 모두 결정적인 군사적 승리를 거두지 못하고 있는 상황에서, 전쟁은 장기전이 될 가능성이 큽니다. 우크라이나 전쟁은 미국과 유럽을 비롯한 전 세계에 안보적인 부담을 줄 뿐 아니라, 21세기 국제 관계에 중대한 영향을 미칠 것으로 보입니다.

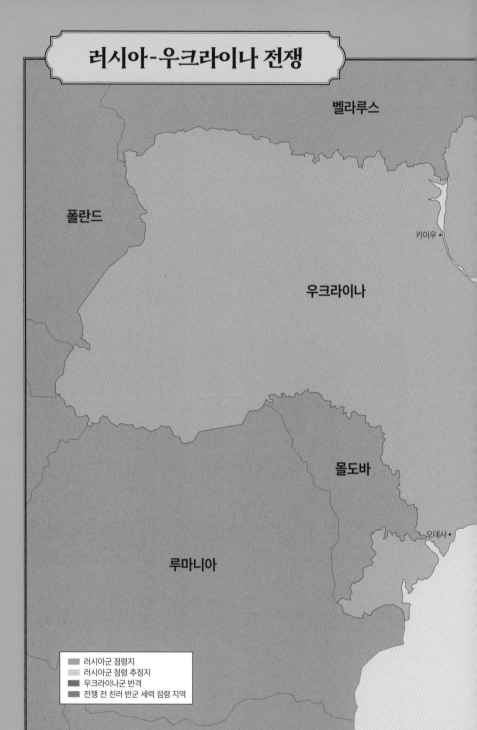

러시아-우크라이나 전쟁

벨라루스

폴란드

키이우 •

우크라이나

몰도바

오데사 •

루마니아

러시아군 점령지
러시아군 점령 추정지
우크라이나군 반격
전쟁 전 친러 반군 세력 점령 지역

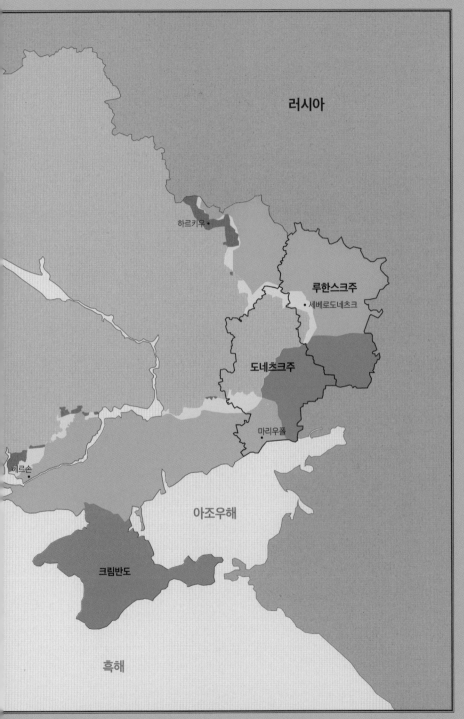

러시아

하르키우•

루한스크주
• 세베로도네츠크

도네츠크주

마리우폴•

•헤르손

아조우해

크림반도

흑해

(•2023년 기준)

중국

분열과 통합을 반복하며
대국을 이룬 나라

중국의 역사는 신화의 시대에서 시작합니다. 기원전 2700년경 중국에는 황제와 신농 그리고 치우천왕이 각자의 세력을 형성하고 있었죠. 신농은 소의 머리를 한 반인반수로, 백성들에게 처음으로 농사짓는 법을 알려주었다고 합니다. 치우천왕은 눈이 4개나 달린 괴물로 동이족을 이끌었다고 알려졌습니다. 기원전 2697년, 이 중 가장 영특했던 황제가 신농과 치우천왕을 물리치고 최초로 천자의 자리에 올랐습니다. 그래서 황제를 중국 문명의 시조로 보는데요. 하지만 이때의 기록이 너무 터무니없어, 실제로 이들이 존재했는지는 분명치 않습니다.

백성들에게 농사짓는 법을 알려주었다는 신농은
약초들을 맛과 특성에 따라 분류했고,
쌀, 밀, 수수, 기장, 콩을 찾아냈다고 알려져 있다.

기원전 2070년, 중국 최초의 세습 왕조인 '하나라'가 건국되었습니다. 하나라가 존재했다고 입증할 확실한 고고학적 증거가 없기 때문에, 하나라가 실존했는지에 대해 많은 논란이 있습니다. 하지만 기록에 따르면 하나라는 470년간 이어지다가 기원전 1600년 폭군이던 걸왕 때 멸망했습니다.

하나라의 뒤를 이은 것은 은나라였습니다. 참고로 은나라는 '상나라'라고 불리기도 합니다. 하나라와 마찬가지로 은나라도 기록 속에만 존재하는 나라로 여겨졌습니다. 하지만 1899년 우연한 계기로 거북이 배딱지에 새겨진 은나라의 갑골문이 무더기로 발굴되면서 은나라가 실존했다는 사실이 입증되었습니다.

고도로 발전된 청동기 기술 덕분에 은나라는 주변 이민족을 정복하면서 세력을 넓혀갔습니다. 은나라는 또한 산 사람을 희생물로 바치는 '인신 제사'로 유명합니다. 은나라는 매년 어마어마한 수의 전쟁포로와 노예를 인신 제사로 바쳤다고 해요. 이런 은나라의 잔혹함은 은나라가 멸망하는 결정적 원인이 되었죠. 백성들의 불만이 극에 달했을 때, 은나라의 마지막 왕인 주왕이 왕위에 올랐습니다. 주왕은 천성이 잔인해서 신하와 백성들을 잔혹하게 처벌했죠. 게다가 술로 연못을 채우고 나무에 고기를 매달아 놓는 '주지육림'을 만들어 사치와 향락을 일삼았습니다.

결국 기원전 1046년 주나라가 은나라를 멸망시키고 중원을 차지했습니다. 주나라는 여러 왕족과 공신에게 영지를 나눠준 후 다스리게 하는 봉건제도를 시행했습니다. 시간이 흘러 이 영지는 나라가 되었고, 그곳을 다스리는 제후들은 왕과 같은 권위를 누렸죠.

무한경쟁의 춘추전국시대

기원전 771년 서쪽의 이민족인 견융이 주나라의 수도인 호경을 공격했습니다. 그러자 주나라 평왕은 호경을 버리고 낙읍을 새로운 수도로 삼았죠. 이 사건으로 천자의 권위가 땅에 떨어지자 전국의 수많은 제후가 들고 일어나게 됩니다. 서로 먹고 먹

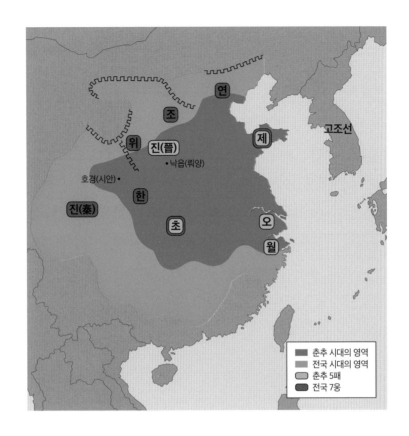

춘추 시대의 영역
전국 시대의 영역
춘추 5패
전국 7웅

히는 무한경쟁시대를 '춘추전국시대'라고 부릅니다.

주나라 초기에는 수백 개의 나라들이 있었다고 하는데, 시간
이 흐르면서 그 수는 수십 개로 점차 줄어들었습니다. 대표적으
로 남방의 대국 초나라, 전통의 강국 제나라가 있죠. 또 복수나
목표를 위해 어떤 고난도 참고 이겨낸다는 뜻의 '와신상담'이라
는 사자성어의 유래가 된 오나라와 월나라, 북쪽의 연나라 그리

고 서쪽의 진나라가 있습니다.

나라 간의 경쟁은 점점 치열해져서 춘추전국시대 초기에는 계속해서 전쟁을 치르게 되는데요. 겨우 수만 명이 동원됐던 전쟁이었던 것이 나중에는 동원되는 군사의 수가 수십만 명으로 늘어났습니다. 그 결과 백성들은 엄청난 고통에 시달려야 했죠. 하지만 역설적이게도 이렇게 전쟁이 난무한 이 시기는 중국 사상의 황금기이기도 했습니다. 기원전 5세기 이후 혼란한 세상에서 여러 사상가가 등장해 다양한 사상을 전파했죠. 가장 유명한 사상가로는 공자, 맹자, 노자, 묵가 등이 있습니다. 이렇게 '제자백가'라고 불리는 사상가들로 인해 유교, 도교, 법가 사상이 탄생했습니다. 이때 생겨난 여러 사상은 동양 철학의 뿌리가 됩니다.

진시황의 진나라와 유방의 한나라

기원전 221년, 진나라의 진시황이 중국을 통일했습니다. 초기의 진나라는 중원에서 멀리 떨어진 서쪽 변방 국가였어요. 그런데 왕권 강화를 강조하는 법가 사상을 받아들여 부국강병을 이루더니, 진시황의 통치하에 순식간에 전국을 통일했죠. 하지만 진시황이 세운 통일 왕국은 그리 오래가지 못했습니다. 진시황은 수많은 농민을 동원해 자신의 무덤인 진시황릉을 만들고, 만리장성, 아방궁 등 대규모 토목공사를 시작했습니다. 그래서 전쟁은 끝났지만, 백성의 고통은 끝이 없었죠.

기원전 210년, 진시황이 사망하자 마침내 백성의 불만이 폭발했습니다. 진나라 곳곳에서 반란이 일어났고 전국은 다시 혼란에 빠졌죠. 이때 가장 두드러진 세력은 항우와 유방이었습니다.

명문 가문 출신인 항우는 강력한 군사력으로 싸울 때마다 승리를 거뒀어요. 그래서 초반 주도권은 항우에게 있었습니다. 이에 비해 유방은 농민 출신인 데다 군사력도 항우에게 한참 미치지 못했습니다. 하지만 유방에게는 한신과 장량 같은 뛰어난 인재가 있었습니다. 유방은 이들의 능력을 잘 활용해서 세력을 키울 수 있었죠. 항우에게도 '범증'이라는 책사가 있었지만, 항우는 자신의 힘만 의지하면서 그의 조언을 무시하기 일쑤였죠.

기원전 202년, 전세를 역전시킨 유방이 마침내 항우를 죽이고 중원을 차지했습니다. 유방은 자신이 세운 나라를 '한나라'라고 불렀습니다. 또 한 번 찾아왔던 오랜 혼란이 끝나자 중국은 안정기에 들어섰고 인구와 생산력이 폭발적으로 증가했습니다. 한나라는 오랫동안 중국을 괴롭혔던 흉노를 몰아냈고, 남쪽으로는 베트남, 동쪽으로는 고조선을 멸망시켰습니다. 서쪽으로는 처음으로 서역과 교류하기 시작했습니다. 그리고 서역을 통해 중앙아시아와 중동 그리고 심지어 유럽과도 교역할 수 있는 실크로드가 열렸습니다. 그 덕분에 비단과 종이 같은 중국 물품이 서양에 소개되었고, 중국도 서방의 물품을 수입할 수 있었죠.

그런데 서기 8년 전성기를 누리던 한나라가 갑자기 멸망했습니다. 왕실의 외척이던 왕망이 스스로 황제 자리에 오르더니 '신나라'라는 새로운 나라를 세운 것입니다. 왕망은 유교 사상에 바탕을 둔 이상 국가를 건설하려고 했습니다. 왕망이 세운 신나라는 토지 매매와 사유 재산을 인정하지 않는 등 현실과는 동떨어진 여러 가지 정책을 펼쳤죠. 이처럼 급진적인 정책은 백성들의 삶을 개선하지도 못했을뿐더러 큰 혼란만 가져올 뿐이었습니다.

결국 정책이 시행된 지 얼마 안 돼 전국 각지에서 반란이 일어났죠. 그렇게 신나라는 건국된 지 겨우 15년 만에 멸망하게 됩니다. 이때가 서기 23년이었습니다. 반란 세력 중 가장 큰 활약을 한 것은 왕족 출신인 유수였습니다. 유수는 특히 곤양 전투에서 단 2만 명의 병력으로 무려 42만 명을 격파하는 초인적인 활약을 펼쳤습니다. 서기 25년, 혼란을 수습한 유수가 황제의 자리에 오르니, 그가 바로 광무제입니다.

황건적의 난에 이은 삼국시대

광무제는 나라 이름을 '한'이라 정해 망한 한나라를 되살렸습니다. 이때 건국된 한나라는 그전의 한나라와 구분 짓기 위해 '후한'이라고 불립니다. 후한은 그 후 200년간 지속됐지만, 갈수록 황제의 힘이 약해지고 그 대신 간신과 환관들이 득세하기 시작했죠. 특히 170년경에는 '십상시'라 불리는 10명의 환관이 황제를 마음대로 주무르면서 전횡을 일삼았습니다. 이들은 뇌물을 받고 관직을 파는 일을 서슴지 않았고 그로 인해 백성의 삶은 엉망이 되었죠.

184년, 백성의 불만은 '황건적의 난'이라는 농민 봉기로 분출됩니다. 황건적의 난은 '장각'이라는 수수께끼의 인물이 이끌었어요. 장각은 도술을 부리면서 수많은 추종자를 모았다고 하는데, 이 추종자 무리가 바로 황건적입니다. 수십만의 황건적이 전국에서 동시에 봉기를 일으키자 한나라는 그대로 멸망할 것처럼 보였습니다. 하지만 원소와 원술, 손견과 유비, 조조 등의 호족들이 군을 일으킨 덕분에 황건적의 난은 얼마 안 가 진압되었습니다.

그런데 문제는 호족의 힘이 너무 커졌다는 것이었죠. 유명무실해진 한나라 황실을 대신해서 전국의 호족들이 서로 경쟁하는 시대가 다시 펼쳐졌습니다. 이때가 바로 우리가 잘 알고 있는 《삼국지》의 배경입니다. 여포와 관우, 제갈량이 활약하던 때이기도 하죠.

시간이 흘러 한나라는 조조의 위나라, 유비의 촉나라, 손권의 오나라로 분할되었습니다. 그중에서도 위나라의 세력이 가장 컸는데요. 위나라는 중원에서도 가장 생산력이 높은 화북 지역을 독차지하고 있었습니다. 갈수록 커지는 위나라에 대한 위기감을 느낀 유비와 손권은 적벽대전에서 함께 조조의 100만 명의 대

위나라의 황제를 몰아내고 스스로 황제가 된 사마염.

군(실제로는 25만 명으로 추정)을 막아내기도 했습니다. 하지만 계속해서 위나라의 공세를 막아내기에는 역부족이었죠.

265년에는 사마염이 위나라의 황제를 몰아내고 스스로 황제가 되었습니다. 사마염은 국호를 '진나라'로 바꿨습니다. 한편 촉나라와 오나라는 힘을 합쳐도 모자랄 판에 자기들끼리 싸우고 있어, 진나라의 쉬운 먹잇감이 되었죠. 초나라는 진나라의 전신인 위나라에 의해 멸망했고, 이어서 280년 진나라는 오나라까지 멸망시키며 마침내 전국을 통일했습니다.

하지만 평화는 오래가지 못했어요. 291년 8명의 사마씨가 황제 자리를 놓고 치열한 내전이 벌어진 건데요. 이를 '팔왕의 난'이라고 부릅니다. 이 과정에서 북방 유목 민족까지 끌어들였는데, 이것이 큰 화근이 되었습니다. 진나라의 사정이 엉망인 것을 눈치챈 유목 민족들이 중원으로 진출한 것이죠.

311년, 흉노족이 낙양을 함락시키고 진나라의 황제인 회제마저 죽였습니다. 그리고 이 사건을 계기로 북방의 여러 이민족이 화북 지역으로 몰려들어 각자의 나라를 세웠습니다. 이 5개의 민족은 다음 100년간 화북 지역에 16개의 국가를 세웠죠. 그래서 이 시대를 '오호십육국 시대'라고 부릅니다. 이 시대는 일어났던 사건을 일일이 다 기록하기 힘들 정도로 중국 역사상 가장 어지러운 시기로 꼽힙니다.

한편 진나라의 잔여 세력은 이민족을 피해 남쪽으로 달아났습니다. 이때부터 화북은 이민족, 강남은 한족의 차지가 되었습니다. 하지만 아이러니하게도 이민족의 침략으로 많은 인구가 남쪽으로 유입되면서 강남의 넓은 땅이 개간되었고, 덕분에 강남의 생산력이 비약적으로 증가했습니다.

또한 중국의 분열은 주변 국가들에는 호재였습니다. 특히 동쪽 고구려는 이 혼란을 틈타 만주와 한반도를 아우르는 강대국으로 성장했죠.

다시 중국을 통일한 수나라와 당나라

439년, 선비족이 세운 북위가 다른 이민족이 세운 나라들을 모두 통합하고 화북 지역을 차지했습니다. 그 와중에 한족은 남쪽에서 여전히 그들만의 나라를 유지하고 있었죠. 이 시기를 '남북조 시대'라고 부릅니다. 몇 번의 권력 교체가 있었지만, 북쪽은 선비족이 다스리고 남쪽은 한족이 다스리는 흐름이 이어졌습니다. 그러다 589년, 수나라의 50만 명의 대군이 남쪽 진나라를 멸망시키고 마침내 중국을 통일했습니다. 이로써 무려 300년간 지속된 분열의 시대가 끝나고 통일왕국이 들어섰습니다.

하지만 중국을 통일한 수나라도 오래가지 못했습니다. 수나라의 두 번째 황제였던 수양제는 대운하를 건설하는 등 대규모 토목사업을 벌였고, 무리하게 고구려로 원정을 떠나기도 했습니다. 612년에는 무려 113만 명의 대군을 동원해 고구려를 공격했죠. 하지만 수나라의 고구려 원정은 대실패로 끝났고 수많은 사람이 목숨을 잃었습니다. 그런데도 수양제가 끝까지 고구려 원정을 포기하지 않자 민심은 바닥을 찍었습니다. 결국 대규모 반란이 일어나 수양제가 죽임을 당하며, 건국된 지 38년 만에 수나라는 멸망하고 맙니다.

618년, 수나라의 뒤를 이어 당나라가 건국되었습니다. 당나라의 두 번째 황제였던 이세민은 중국 역사상 최고의 군주 중하나로 평가받는 인물입니다. 그는 수나라의 멸망으로 혼란스러웠던 정세를 빠르게 안정시켰고 큰 위협이었던 동돌궐을 복속시켰습니다. 하지만 그도 무리하게 고구려를 공격했다가 굴욕적인 패배를 당하기도 했습니다. 정작 고구려를 멸망시킨 건 당나라의 공격이 아닌 내분이었죠. 당나라의 침공을 막아낸 연개소문이 죽자 그의 세 아들 사이에 권력 다툼이 발생했습니다. 668년, 이 기회를 놓치지 않고 당나라가 고구려를 공격해 고구려를 멸망시켰습니다. 하지만 30년 뒤인 698년, 고구려 땅을 되찾은 고구려 유민들이 발해를 건국합니다.

당나라 시대에는 실크로드를 통한 국제무역이 활발해졌습니다. 특히 당나라의 수도 장안은 인구가 100만 명이 넘는 세계적인 대도시로 발전합니다. 690년, 중국 역사상 유일무이한 여황제인 측천무후가 즉위했습니다. 측천무후는 원래 고종의 황후였는데, 허약한 고종을 대신해 정치에 참여하더니 황제의 자리까지 오른 것입니다. 그녀가 황제로 있는 동안 당나라는 번영을 누려서 후세의 평가 또한 긍정적인 편입니다. 하지만 '안사의 난'을 계기로 당나라는 서서히 몰락의 길을 걷게 됩니다.

안사의 난을 일으킨 안녹산은 페르시아계 출신으로 몸무게가 200킬로그램이 넘었다고 해요. 안녹산은 황제였던 현종과 양귀비의 환심을 사서 출세에 성공했습니다. 안녹산은 심지어 자신보다 16세나 어린 양귀비에게 양자가 되기를 청했다고 합니다. 필사적인 아부 덕분에 안녹산은 변방을 다스리는 절도사로 임명되었죠. 그 당시 절도사가 파견된 지역은 중앙정부의 입

안사의 난으로 인해 피난을 가는 현종.

김이 잘 닿지 않아 절도사는 독립적인 군사력을 거느린 군벌로 변해 있었죠.

755년, 반란을 일으킨 안녹사는 20만 명의 대군을 이끌고 장안을 차지했습니다. 이때 당나라는 거의 멸망 직전까지 갔지만, 결국 반란은 실패로 끝났습니다. 하지만 이 사건을 계기로 황제의 권위가 크게 약해졌고 전국의 절도사들이 활개를 치게 됩니다.

다시 혼란의 시대로

결국 당나라는 875년에 일어난 황소의 난을 계기로 멸망했습니다. 그리고 중국은 또다시 '오대십국 시대'라는 혼란의 시기로 접어들었습니다. 이 혼란으로 가장 큰 이득을 본 것은 북방의 유목 민족 거란족입니다. 여러 부족으로 분열됐을 때는 별다른 위협이 되지 못했지만, 하나로 통일된 거란족은 막강한 힘을 발휘하면서 동쪽의 강국 발해까지 멸망시켰죠.

이렇게 분열의 시기를 겪고 있던 중국은 집안일에 이민족을 끌어들이는 과거의 실수를 되풀이하고 맙니다. 936년, 후진의 석경당이 스스로 황제에 오르기 위해 거란족을 끌어들인 것이죠. 석경당은 자신을 돕는 대가로 거란족에게 연운 16주를 넘겨줍니다. 연운 16주는 엄청난 인구와 생산력을 자랑하는 알토란 같은 땅이었죠. 그렇게 연운 16주마저 차지한 거란족은 동아시아 최강대국 요나라로 거듭납니다.

얼마 뒤인 979년, 조광윤이 세운 송나라가 혼란을 잠재우고 또다시 중국을 통일했습니다. 하지만 여전히 거란족이 북쪽의 연운 16주를 차지하고 있어서 불완전한 통일이었죠. 송나라는 두 차례 거란을 공격해 연운 16주를 탈환하려고 했지만, 모두 실패로 돌아갔습니다. 오히려 이를 명분 삼아 거란이 침략할 것을 우려한 송나라는 연운 16주를 거란의 영토로 인정합니다. 하지만 송나라에는 거란보다 더 큰 위협이 기다리고 있었습니다.

만주의 여진족이 세력을 규합해 금나라를 세운 것입니다. 송나라는 금나라와 손을 잡고 공공의 적인 거란족을 공격했습니다. 양국의 협공으로 궤멸적인 피해를 입은 거란은 얼마 후 역사 속으로 사라지게 됩니다.

하지만 말만 협공이지 사실 금나라 혼자 힘으로 거란을 멸망시킨 것이나 마찬가지였습니다. 그에 비해 송나라군은 거의 힘을 쓰지 못했습니다. 그 원인은 송나라가 과거에 급제한 문관만 우대하는 정책을 펼쳐서 군사력이 많이 약해졌기 때문이었죠. 전쟁을 치르면서 송나라의 약점을 간파한 금나라는 그대로 밀고 들어가 송나라의 수도 개봉을 차지했습니다. 이때가 1127년이었죠.

송나라의 휘종과 그의 아들 흠종은 금나라에 포로로 사로잡혀 치욕을 당했습니다. 중국 역사상 최대의 굴욕으로 꼽히는 이 사건을 '정강의 변'이라고 부릅니다. 그렇게 송나라는 연운 16주뿐 아니라 화북 전체를 금나라에게 빼앗깁니다.

한편 남쪽으로 피신한 송나라의 잔여 세력은 간신히 나라의 명맥을 유지했습니다. 이 나라를 '남송'이라고 불렀죠. 화북을 고스란히 빼앗겼음에도 불구하고 남송은 강남 지역의 엄청난 곡물 생산력 덕분에 큰 번영을 누렸습니다. 화약과 나침반 그리고 활자 인쇄술이 발명된 것도 송나라 때입니다. 송나라의 발명품은 중동을 통해 유럽까지 전해졌습니다.

몽골의 원나라, 이를 무너뜨린 명나라

1206년 몽골 초원에서는 테무친이 오랜 노력 끝에 몽골의 여러 부족을 통일했습니다. 테무친은 강력한 군주라는 뜻인 '칭기즈 칸'이라고 불리게 됩니다. 하나로 뭉친 몽골군은 무서운 위력을 발휘했습니다. 몽골군은 어릴 때부터 다진 기마술 덕분에 무적에 가까웠죠.

그렇게 막강했던 금나라도 몽골의 상대가 되지 못했습니다. 1211년, 금나라를 공격한 몽골군은 20년이 넘는 전쟁 끝에 결국 금나라를 멸망시켰습니다. 이로써 몽골은 풍요로운 화북 지역을 차지했고, 여진족은 또다시 만주의 소수 민족으로 전락합니다. 몽골은 이후 중앙아시아와 중동 그리고 유럽을 휩쓸면서 역사상 유례가 없는 대제국을 건설했습니다.

1279년, 몽골의 쿠빌라이 칸이 남송마저 무너뜨리고 중국 대륙을 통일했습니다. 이때부터 몽골 제국은 '원나라'로 불리게 됩니다. 원나라는 지배 민족을 4개의 신분으로 구분했는데, 남송의 한족은 최하층민인 제4신분이 되었습니다. 하지만 강력했던 원나라의 통치에도 금이 가기 시작했습니다. 차별 대우에 불만을 품은 한족이 곳곳에서 반란을 일으킨 것이죠.

1368년, 홍건적의 난을 일으킨 중심 세력인 주원장이 원나라를 무너뜨리고 명나라를 세웠습니다. 주원장은 강남의 가난한 농민 출신으로 황제의 자리까지 오른 인물이죠. 명나라는 세 번째 황제인 영락제 시기에 전성기를 맞이했습니다. 영락제는 북쪽으로는 몽골을 정벌했고, 남쪽으로는 베트남을 정복했습니다. 그 유명한 자금성을 지은 것도 영락제였죠.

영락제의 가장 유명한 업적은 '정화의 대원정'입니다. 영락제는 환관인 정화에게 배 60척으로 구성된 원정대를 주면서 다른 대륙을 탐사하게 했습니다. 정화는 1405년에서 1433년까지 이어진 총 7번의 원정에서 동남아시아와 인도, 중동 그리고 아프리카까지 도달했죠. 이는 유럽의 신항로 개척보다 무려 70년이나 빨랐습니다.

하지만 정화의 원정대는 단지 과시용이며 실질적인 소득은 없었다는 후세의 평도 있습니다. 정화의 원정대에는 막대한 비용이 들어서 명나라 내에서도 많은 비판이 있었습니다. 그 때문인지 명나라는 영락제가 죽자마자 해상무역을 금지하는 해금 정책을 실시했습니다. 하지만 해금 정책은 많은 부작용을 가져왔습니다. 밀무역이 성행했고, 왜구가 출몰하는 직접적인 원인이 됐거든요.

16세기에 접어들자 명나라는 수시로 외세의 침략을 받았습니다. 북으로는 몽골이 호시탐탐 침략할 기회를 노리고 있었고 동남 해안에는 왜구가 출몰해 해적질을 일삼았습니다. 특히 1550년에는 몽골 계통의 타타르가 침략해 며칠간 수도 북경을 포위하기도 했습니다. 그러다 1572년, 중국 역사상 최악의 폭군으로 꼽히는 만력제가 즉위하면서 명나라는 빠르게 쇠퇴의 길을 걷게 됩니다. 만력제는 무려 50년간 황제로 있었는데, 그중에서 30년 동안 정사를 돌보지 않았습니다. 그러니 나랏일이 처리되지 않았고 만력제의 사치로 재정 또한 고갈되었죠.

열강의 침략으로 무너진 청나라

1616년, 누르하치가 만주의 여진족을 통일하고 후금을 세웠습니다. 후금은 이후에 청나라가 되죠. 그로부터 30년 뒤인 1644년, 청나라의 침략과 대규모 농민반란이 동시에 일어나면서 명나라가 망하고 청나라가 중국을 차지했습니다. 이듬해 청나라는 한족에게 변발을 강요했습니다. 변발은 앞머리를 미는 유목민 특유의 헤어스타일로 한족에게는 엄청난 치욕이었죠. 이로써 중국은 다시 한번 이민족의 지배를 받게 됩니다.

1700년대 청나라는 전성기를 맞이했습니다. 국내 정치가 안정됐고 나라 밖으로는 외세의 침략을 막아냈죠. 이때 청나라는 몽골을 완전히 장악하는 한편 러시아의 남하를 저지했습니다. 게다가 티베트를 공격해 영토를 크게 넓혔습니다. 하지만 19세기에 이어진 서방 열강의 침략으로 청나라 또한 몰락하게 됩니다. 침략의 신호탄은 1840년, 아편전쟁이었죠.

당시 영국은 청나라와의 무역에서 막대한 적자를 보고 있었습니다. 그러자 영국의 동인도 회사는 적자를 만회하기 위해 중

청나라는 앞머리를 미는 유목민 특유의 변발 풍습을 침략한 국가에 강요했다.

국에 아편을 수출하기 시작했습니다. 그 결과 많은 중국인이 아편에 중독되어 심각한 사회 문제가 발생했죠. 보다 못한 청나라가 영국 상인으로부터 아편을 몰수하자 영국은 이를 빌미로 청나라를 공격했습니다. 이것이 바로 아편전쟁입니다.

영국이 신식 무기를 앞세워 공격하자 청나라군은 무기력한 모습을 보이면서 패배를 거듭했습니다. 1842년, 전쟁에서 패한 청나라는 굴욕적인 난징조약을 맺었습니다. 이 조약으로 홍콩은 영국에게 이양됐고, 청나라는 막대한 배상금을 지불해야 했습니다.

아편전쟁을 계기로 청나라의 허약함이 알려지면서 서방 열강의 침략이 본격화되었죠. 곧이어 영국뿐 아니라 프랑스, 독일,

러시아도 중국에 진출했습니다. 하지만 청나라의 근대화 운동은 실패로 끝났고, 청나라의 수뇌부는 무기력한 모습만 보였습니다. 그 결과 청나라에서는 '태평천국의 난'과 같은 수많은 반란이 일어나 위기에 빠졌습니다. 게다가 1894년에 일어난 청일전쟁에서 패하면서 조선과 대만의 지배권을 일본에 넘겨줘야 했죠. 결국 1912년, 군의 총사령관인 위안스카이가 청나라 마지막 황제인 푸이를 퇴위시키면서 청나라는 멸망합니다.

청나라가 사라지자 중국은 또다시 혼란에 빠졌습니다. 1910년부터 중국은 수많은 군벌이 난립하는 군벌 시대로 접어들었습니다. 이 혼란기는 장제스가 이끄는 국민당이 북벌을 시작하기까지 계속되었죠. 1928년 장제스의 국민당은 두 차례 북벌을 통해 군벌을 제압하고 중국을 통일했음을 선언했습니다. 하지만 아직 공산당이라는 가장 큰 적이 남아있었죠.

마오쩌둥이 이끄는 공산당은 농촌 마을을 중심으로 서서히 세력을 넓히고 있었습니다. 1927년, 공산당을 눈엣가시로 여긴 장제스는 수십만 대군을 동원해 공산당을 공격했죠. 이것이 국공 내전의 시작이었습니다. 장제스는 공산당을 밀어붙인 끝에 이들을 거의 소탕하는 상황까지 이르렀죠. 공산당은 국민당의 공격을 피해서 근거지인 장시성을 떠나야 했습니다. 1년에 걸쳐 산시성까지 이동한 공산당군은 원래 인원의 10분의 1로 줄었습니다. 이를 '대장정'이라고 부릅니다.

이때 공산당을 살린 것은 다름 아닌 일본이었습니다. 1931년,

지지자들 앞에서 연설하는 마오쩌둥의 모습.

만주사변을 일으켜 중국의 동북지방을 차지한 일본이 중국 본토까지 쳐들어온 것이죠. 공산당 소탕을 최우선시한 장제스였지만, 일본의 침략이 본격화되자 어쩔 수 없이 공산당과 손을 잡고 일본에 맞서기 시작했습니다. 이를 계기로 공산당 세력은 기사회생하게 됩니다.

그렇지만 일본군은 우세한 전력으로 연이어 승리를 거두면서 베이징, 상하이, 난징 같은 중국의 주요 도시들을 차지했습니다. 기록에 따르면 일본군은 난징에서 무려 30만 명의 민간인을 학살했는데, 이를 '난징대학살'이라고 부릅니다. 하지만 이후 8년간 이어진 중일전쟁의 희생자는 그보다 훨씬 많은 수백만 명에 달합니다.

1945년, 일본이 미국에 항복하면서 드디어 중국에서 물러났습니다. 이제 중국의 지배권을 놓고 국민당과 공산당 간의 치열한 싸움이 시작되었습니다. 전쟁 초기 전세는 국민당에 훨씬 유리해 보였죠. 국민정부군은 200만 명이 넘었고 최신식 무기로 무장하고 있었습니다. 하지만 1948년부터 차츰 반격에 성공한 공산당은 국민당을 밀어붙인 끝에 결국 승리를 차지했습니다. 그 결과 장제스는 중국 본토를 내주고 대만으로 떠나야 했습니다. 이로써 중국에는 중화인민공화국이라는 공산주의 정부가 들어서게 되었습니다.

중국의 국공 내전

범례
- → 공산당군 진출로
- ▨ 공산 세력의 근거지(1947년 6월 기준)
- ○ 국민당군 집결지 및 방어지
- ✳ 국민당군 진지 격파
- ◇ 봉기를 통해 점령된 지역

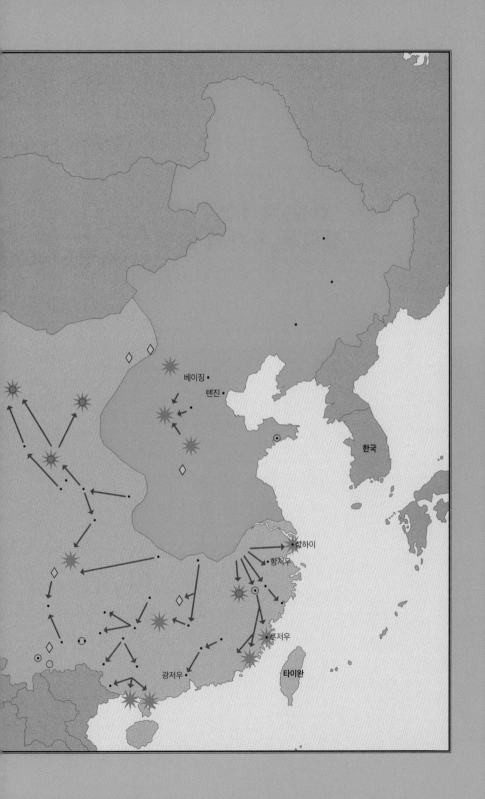

베이징 •
톈진 •

한국

상하이
항저우 •

푼저우

광저우

타이완

미국

인류 역사상 가장
강력한 국가의 탄생

미국은 인류 역사를 통틀어 가장 강력한 국가입니다. 막강한 군사력뿐 아니라 문화, 과학기술, 경제를 통해서도 세계를 지배하고 있죠. 그런데 이 모든 것이 겨우 400년이라는 짧은 시간에 이루어졌다면 믿으시겠어요? 보잘것없는 식민지로 시작된 미국이 어떻게 지금의 초강대국이 되었을까요?

미국으로의 이주가 본격적으로 시작된 것은 1492년 콜럼버스의 아메리카 대륙 탐험이었습니다. 훨씬 전부터 아메리카에 원주민이 살고 있었기 때문에 콜럼버스가 최초로 아메리카 대륙을 발견했다는 말은 옳지 않습니다. 또 콜럼버스를 아메리카 대륙을 발견한 최초의 유럽인으로 보기도 애매합니다. 콜럼버스보다 훨씬 앞선 1000년경 북유럽의 바이킹이 오늘날의 뉴펀들랜드에 정착했다고 알려져 있습니다. 최근 이를 뒷받침하는 고고학적 증거가 발견되면서 거의 정설로 인정받는 분위기입니다.

콜럼버스가 아메리카에 도착했을 당시 북아메리카에만 약 200만 명의 원주민이 있었던 것으로 추정됩니다. 아메리카 원주민이 어디서 왔는지는 분명치 않지만, 아마 동북아시아에 살던 민족이 베링 육교Bering land bridge를 건너 아메리카 대륙에 도착한 것으로 보입니다. 이들 중 일부는 중앙아메리카와 남아메리카에 정착해 잉카제국과 아스테카제국처럼 고도화된 문명 도시를 건설했죠. 하지만 북아메리카 원주민은 하나의 통일 왕국을 세우지 못하고 수많은 부족으로 나뉘어 다양한 방식으로 살아가고 있었습니다.

콜럼버스의 아메리카 대륙 탐험은 유럽 사회에 엄청난 파장을 일으켰습니다. 신대륙의 존재가 온 세상에 알려지면서 유럽인의 아메리카 대륙 진출이 본격적으로 시작된 것이죠. 참고로 콜럼버스는 죽을 때까지 자신이 발견한 곳이 인도라고 믿었습니다. 그래서 아메리카 원주민은 오랫동안 '인디언'이라고 불리었죠.

아메리카 대륙에 가장 먼저 진출한 나라는 스페인입니다. 16세기 초 스페인은 아스테카제국과 잉카제국을 차례로 무너뜨리고 막대한 부를 차지했습니다. 하지만 1588년, 스페인이 자랑하던 무적함대가 영국 해군에 패하면서 서서히 몰락의 길을 걸었습니다.

신대륙에 식민지를 건설한 영국

후발주자인 영국이 신대륙에 첫발을 내디딘 것은 스페인보다 한참 늦은 1585년이었습니다. 이때 영국은 미국 북쪽 해안에 있는 로어노크섬에 117명의 이주민을 보내면서 아메리카 대륙에서의 첫 번째 식민지를 건설했습니다.

1587년, 로어노크 식민지를 이끌던 존 화이트는 보급품을 얻어오기 위해 다시 영국으로 돌아가는데요. 항해가 지연되어 3년이 지난 1590년이 되어서야 로어노크로 귀환할 수 있었습니다. 그런데 도착해보니 로어노크 식민지는 사람이 살지 않은 채 버려진 지 오래였고, 나무 기둥에 '크로아토안'이라는 알 수 없는 문구만 적혀 있었습니다. 존 화이트는 함께 이주했던 사람들을 찾았지만, 그 어디에서도 그들의 흔적을 찾을 수 없었죠. 이들이 무슨 이유로 사라졌는지는 오늘날까지 미스터리로 남아있습니다. 그렇게 영국의 첫 번째 식민지 건설은 실패로 돌아갔죠.

하지만 영국은 포기하지 않고 20년 뒤인 1607년, 남부 버지니아에 두 번째 식민지인 제임스타운을 건설했습니다. 안타깝게도 굶주림, 질병, 원주민의 공격으로 제임스타운 주민 대부분이 첫해를 넘기지 못하고 사망합니다. 이렇게 존망의 기로에 놓였던 제임스타운은 더 많은 이주민과 보급품이 도착하면서 겨우 위기를 넘길 수 있었습니다. 이때 제임스타운 주민들은 원주민으로부터 담배를 비롯한 여러 작물의 농사법을 배워 큰 도움을 받았다고 합니다.

특히 추장의 딸 포카혼타스는 영어를 배우고 기독교로 개종까지 했다고 알려져 있습니다. 이후 영국인과 결혼한 포카혼타스는 런던을 방문하기도 했습니다. 하지만 돌아오는 길에 원인 모를 병에 걸려 세상을 떠나고 말았죠. 당시 원주민에게는 백인들이 가져온 어떤 무기보다 훨씬 무서운 것이 바로 천연두 같은 새로운 질병이었습니다. 질병에 대한 면역력이 없는 원주민은 병에 한 번 걸리면 속수무책이었죠. 아메리카 원주민의 무려 90퍼센트가 유럽인이 퍼뜨린 전염병에 의해 사망했을 정도입니다.

한편 제임스타운이 들어선 지 얼마 뒤인 1620년, 102명의 청교도인이 탄 메이플라워호가 제임스타운이 위치한 버지니아보다 훨씬 북쪽인 플리머스에 도착했습니다. 영국에서의 혹독한 종교 탄압을 피해 미국으로 떠나온 것이었죠. 이들은 새로운 땅에 정착하는 과정에서 많은 어려움을 겪었지만, 주변 원주민의 도움 덕분에 겨우 생존할 수 있었습니다.

시간이 흘러 더 많은 청교도인이 도착하자 이들은 플리머스 주변에 여러 식민지를 건설했습니다. 그 중심지가 바로 보스턴

기독교로 개종하기 위해 세례를 받는 포카혼타스.

이었습니다. 청교도인은 그들이 정착한 지역을 새로운 영국이라는 뜻에서 '뉴잉글랜드'라고 불렀습니다. 이때부터 미국의 식민지는 크게 북부의 뉴잉글랜드와 남부의 버지니아로 나뉘었습니다. 산악 지대가 많은 뉴잉글랜드에 비해 버지니아는 주로 평야로 이루어졌습니다. 그래서 북부에서는 도시와 공업이 발달한반면, 남부에서는 농업이 발달하게 되었습니다.

점차 확장되는 이주민 세력

이주민은 점차 세력 범위를 넓혀서 1730년대까지 미국에 총 13개의 식민지를 건설했습니다. 농장이 대부부인 남부에는 많은 일손이 필요했죠. 그래서 17세기 말부터 식민지로 끌려오는 흑인 노예의 수가 폭발적으로 증가했습니다.

아프리카인들은 비좁은 노예선에 물건처럼 실려서 아메리카 대륙으로 보내졌죠. 노예선의 환경은 너무나 비위생적이어서 식민지에 도착하기도 전에 이미 많은 사망자가 발생했습니다. 고생 끝에 겨우 살아서 식민지에 도착한 이들도 남은 평생을 노예로 살아가야 했습니다.

북아메리카에 진출한 건 영국뿐만이 아니었습니다. 비슷한 시기 해상 강국으로 떠오른 네덜란드가 원주민으로부터 헐값에 맨해튼섬을 구매하고는 그곳을 '뉴암스테르담'이라고 불렀습니다. 그런데 얼마 후 네덜란드와의 전쟁에서 승리한 영국이 뉴암스테르담을 빼앗았죠. 영국은 당시 황태자였던 요크 대공의 이름을 따 그곳을 '뉴욕'이라고 불렀습니다. 이후 뉴욕은 세계의 수도라고 불릴 만큼 대도시로 성장했습니다.

북아메리카로 진출한 또 다른 나라는 프랑스였습니다. 프랑스의 아메리카 진출은 영국보다 훨씬 빠른 1534년에 시작되었습니다. 이때 자크 카르티에가 이끄는 프랑스 탐험대는 뉴펀들랜드를 거쳐 퀘벡 지역을 탐험했습니다. 그리고 1608년, 퀘벡을 개척해 본격적인 식민지 건설을 시작했습니다.

여기서 멈추지 않고 1673년, 프랑스 탐험대는 미시시피강을 따라 미국 남부에 도달했습니다. 프랑스는 새로 발견한 미시시피강 일대를 프랑스 왕의 이름을 따 '루이지애나'라고 불렀습니다. 루이지애나의 중심지가 된 도시가 바로 뉴올리언스였죠. 이렇게 프랑스는 북아메리카를 가로지르는 방대한 영토를 갖게 되었습니다.

한편 계속해서 몰려오는 이주민 덕분에 영국 식민지 인구는 폭발적으로 증가했습니다. 그래서 1750년대 영국 식민지 인구는 200만 명으로 늘어났죠. 계속된 인구 증가로 영국 식민지 주민들은 새 땅을 찾아 서쪽으로 진출했습니다. 하지만 프랑스가 영국의 확장을 막아서 충돌이 불가피했죠.

결국 양국 간의 갈등은 전쟁으로 치달았습니다. 1754년, 양국은 북아메리카의 패권을 놓고 10년간의 긴 전쟁에 돌입했습니다. 당시 프랑스 식민지의 인구는 6만 명에 불과해서 약 200만 명에 달하는 영국 식민지 인구에 비해 수적으로 절대적인 열세였죠. 프랑스는 이를 만회하기 위해 아메리카 원주민과 동맹을 맺고 영국을 공격했습니다.

양국은 치열하게 싸웠지만 결국 수적 우위에 있던 영국이 승리했죠. 이로써 루이지애나를 제외한 프랑스 영토가 영국에 넘어갔습니다.

보스턴 차 사건이 촉발한 미국 독립 전쟁

하지만 영국의 승리에는 대가가 뒤따랐습니다. 긴 전쟁을 치르면서 막대한 빚을 지게 된 것입니다. 영국은 빚을 갚기 위해 식민지 주민들에게 다양한 세금을 부과했습니다. 오랫동안 식민지 주민들은 자신을 영국인이라고 생각했습니다. 하지만 시간이 지나면서 영국인으로서의 정체성이 약해졌고, 그 대신 스스로를 아메리카인이라고 생각하게 되었죠. 게다가 눈엣가시였던 프랑스도 사라지자, 더 이상 영국의 보호는 필요가 없었습니다. 영국이 더 많은 세금을 거두려고 하자 식민지 주민들은 강하게 반발했죠. 시민들의 분노는 '보스턴 차 사건'으로 분출되었습니다.

1773년, 원주민으로 변장한 보스턴 주민들이 영국의 배에 올라 그곳에 쌓여있던 차 상자를 바다에 던져버렸습니다. 이 사건은 미국 독립 전쟁의 신호탄이 되었죠. 그때까지 식민지 주민들에 대해서 유보적인 태도를 취하던 영국은 이 사건을 계기로 강경한 자세로 돌아섰습니다. 하지만 영국의 강경 조치는 오히려 식민지 주민들의 반발을 살 뿐이었습니다.

결국 1774년, 조지아주를 제외한 각 식민지 대표는 대책을 논의하기 위해 필라델피아에 모였습니다. 이를 '제1차 대륙 회의'라고 부릅니다. 회의에 참석한 대표적인 인물로는 이후 미국의 대통령이 되는 조지 워싱턴과 존 애덤스가 있습니다. 이들은 영국이 악법을 철회하기 전까지 영국 제품을 불매하기로 결의

원주민으로 변장한 식민지인들이 영국 선상에 실린 차 상자를 바다로
집어 던지면서, 영국에 대한 저항이 본격화되었다.

했습니다.

곧이어 식민지 곳곳에서 무력 충돌이 발생했습니다. 이를
지켜볼 수만은 없었던 영국은 군대를 투입하기로 결정합니다.
1775년 4월 19일, 렉싱턴에서 영국군과 민병대 사이에서 벌어진
전투를 시작으로 미국 독립 전쟁이 발발했습니다. 이에 13개 식
민지는 조지 워싱턴을 군의 사령관으로 임명했죠. 그리고 이듬
해인 1776년 7월 4일, 토머스 제퍼슨이 식민지를 대표해 독립선

언서를 작성했습니다. 독립선언서 서문에는 이렇게 쓰여있습니다.

"모든 사람은 평등하게 창조되었으며 창조주로부터 빼앗을 수 없는 권리를 부여받았는데, 그중에는 생명과 자유와 행복을 추구할 권리가 있다. 인류의 정부는 이 권리를 확보하기 위해 조직되었으며, 이 정부의 정당한 권력은 국민의 동의로부터 유래한다."

이로써 13개 식민지는 마침내 정식으로 독립을 선언했습니다. 미국은 이날을 독립 기념일로 지정했습니다.

한편 미국 독립 전쟁은 영국이 훨씬 유리한 상황이었습니다. 미국군이 전투 경험이 없는 오합지졸인 데 비해 영국군은 많은 전투 경험을 쌓은 정규군이었으니까요. 그래서 한동안 미국군은 영국군에게 고전을 면치 못했습니다. 하지만 조지 워싱턴이 지휘하는 미국군이 새러토가 전투에서 영국군을 격파하자 전황이 역전되었습니다.

새러토가 전투의 가장 큰 수확은 프랑스의 참전이었죠. 프랑스와 영국은 앙숙으로 유명한데요. 프랑스는 처음부터 미국을 지원하고 싶었지만, 그때까지만 해도 미국이 승리할 가능성은 희박해 보였습니다. 그런데 새러토가 전투에서 미국군이 대승을 거두자 미국이 승리할 수 있다고 판단한 프랑스가 미국을 지원하기로 한 것이죠. 1781년 미국·프랑스 연합군에 밀린 영국군은

싸움을 포기하고 본국으로 귀환했습니다. 마침내 미국이 최강의 전력을 자랑하던 영국을 이기고 독립을 쟁취했습니다.

민주 공화정을 수립한 13개 주의 연합

미국은 왕이 나라를 지배하는 왕정을 거부하고 국민이 나라의 주인이 되는 민주공화국을 수립했습니다. 지금이야 민주주의가 이상할 게 하나도 없지만, 이는 당시만 해도 특이한 시도였죠. 1787년, 미국 헌법이 제정되면서 연방 정부의 기초가 마

새러토가 전투는 미국 독립 전쟁 중인 1777년 9월,
뉴욕 근처에서 미국 독립군과 영국군 사이에 벌어진 전투이다.

련되었습니다. 미국의 13개 주는 본래 각기 다른 13개의 나라나 마찬가지였습니다. 하지만 영국과 싸우면서 제대로 힘을 발휘하려면 하나로 뭉쳐야 한다는 의식이 생겼죠. 그래서 13개 주를 대표하는 연방 정부가 탄생했고, 연방 정부의 수장을 '대통령'이라고 불렀습니다. 미국의 초대 대통령은 독립 전쟁에서 가장 큰 공을 세운 조지 워싱턴이었죠. 조지 워싱턴은 1789년부터 1797년까지 대통령으로 있다가 스스로 물러나 고향에서 여생을 보냈습니다.

이후 미국의 제3대 대통령이 된 토머스 제퍼슨은 미국의 영토를 크게 넓혔습니다. 1803년, 토머스 제퍼슨은 나폴레옹에게 특사를 보내 프랑스가 차지한 뉴올리언스를 구매하겠다고 제안했습니다. 뉴올리언스는 지리적으로 매우 중요해서 미국 입장에서는 아무리 큰돈을 치르더라도 포기할 수 없는 도시였죠. 그런데 나폴레옹이 갑자기 뉴올리언스뿐 아니라 루이지애나 전체를 싼값에 매각하겠다고 역제안한 거예요. 당시 나폴레옹은 신대륙보다는 유럽에서의 전쟁에 여념이 없었거든요. 그런 나폴레옹에게 루이지애나는 유지비만 많이 드는 쓸모없는 땅으로 여겨졌습니다. 그래서 루이지애나 전체를 1,500만 달러라는 싼값에 내놓은 것이죠. 이 제안을 거부할 이유가 없었던 미국은 인류 역사상 가장 큰 토지 매매에 합의했습니다.

그렇게 미국의 영토는 순식간에 두 배가 되며, 서부 개척의 길이 활짝 열렸습니다. 1812년, 미국은 또다시 영국과 전쟁에 돌입했습니다. 영국 해군이 여러 차례 미국 상선을 공격하자 미국이 전쟁을 선포한 것이죠. 그러자 영국군은 미국의 수도인 워싱턴 DC를 기습해 대통령 관저와 국회의사당을 불태웠습니다. 이때 불에 그슬린 자국을 감추기 위해 흰색 페인트를 칠하면서 대통령 관저는 '백악관'이라고 불리게 되었죠. 전쟁이 점차 길어질 조짐을 보이자 영국은 서둘러 아무 조건 없이 전쟁을 끝낸다는 조건으로 정전협정을 체결했습니다. 독립 전쟁에 이어 또다시 영국군을 물리친 미국의 위상은 더욱 높아졌습니다.

1828년, 앤드루 잭슨이 미국의 제7대 대통령이 되었습니다. 그는 영국과의 전쟁에서 큰 공을 세운 전쟁 영웅이기도 했죠. 하지만 미국 원주민에게 그의 등장은 재앙이나 마찬가지였습니다. 당시 영토 팽창을 거듭하고 있던 미국은 원주민의 땅을 호시탐탐 노렸죠. 하지만 이전부터 거주해온 원주민을 몰아낼 마땅한 명분이 없었습니다.

　그럼에도 불구하고 앤드루 잭슨은 악명 높은 '인디언 추방법'을 통과시켰습니다. 이 법에 따라 수많은 원주민이 고향을 떠나 정부가 지정한 원주민 보호구역으로 이주해야 했습니다. 법

'눈물의 길'로 불리는 체로키족의 강제 이주를 그린 그림.

을 따르지 않는 원주민은 무자비하게 진압되었습니다. 조지아 주에 살던 약 1만 6,000명의 체로키족은 고향을 떠나 원주민 보호구역으로 이주했는데, 이 여정을 '눈물의 길'이라고 부릅니다. 이때 약 4,000명이 이동 중에 사망했다고 합니다.

남북전쟁을 끝내고 다시 하나가 된 미국

1846년, 미국과 멕시코 간의 갈등이 전쟁으로 발전했습니다. 텍사스는 원래 멕시코 땅이었죠. 그런데 시간이 흘러 많은 미국인이 텍사스로 몰려들자 어느새 텍사스 내 미국인의 수가 멕시코인보다 훨씬 많아졌습니다. 그러자 미국인들은 반란을 일으켜 '텍사스 공화국'이라는 새로운 국가를 세웠습니다. 멕시코는 곧바로 군을 투입했지만, 텍사스 공화국은 오히려 멕시코군을 격퇴했습니다. 그로부터 얼마 후 텍사스는 미합중국에 합류해 28번째 주가 되었습니다. 하지만 미국은 텍사스를 차지하는 것에 만족하지 않았죠. 미국은 국경지대에서 일어난 작은 충돌을 빌미로 멕시코를 공격했습니다. 파죽지세로 밀고 들어간 미국은 수도인 멕시코시티를 차지하면서 멕시코의 항복을 받아냈습니다.

전쟁에서 패한 멕시코는 북쪽의 거대한 영토를 미국에 내줘야 했습니다. 이때 캘리포니아와 텍사스, 유타, 애리조나 등이 미국의 땅이 되었습니다. 이로써 미국의 영토는 대륙을 가로질러 태평양까지 이어졌습니다. 하지만 미국의 영토 확장은 여기서 멈추지 않습니다. 1867년, 미국은 러시아제국으로부터 단돈 720만 달러에 알래스카를 매입했습니다. 러시아 입장에서는 너무 멀리 있고, 별다른 도움이 되지 않는 땅이라고 판단해 미국에 헐값에 판 것이었죠.

당시 알래스카는 얼음밖에 없는 황무지로 여겨졌습니다. 그래서 미국에서도 세상에서 가장 비싼 냉장고를 샀다는 비난을 받기도 했습니다. 하지만 이후 알래스카에 금과 석유, 철광석 등 엄청난 양의 천연자원이 매장되어 있다는 사실이 알려지면서 오늘날 알래스카의 가치는 돈으로 따질 수 없을 정도가 되었죠.

미국의 가장 큰 위기는 오히려 내부에서 발생했습니다. 노예제 유지 여부를 놓고 남북간의 갈등이 빚어진 것입니다. 미국 남부는 북부에 비해 농업 의존도가 높았는데요. 특히 당시 미국 전체 수출량의 3분의 2를 차지하고 있던 목화를 재배하려면 많은 일손이 필요했죠. 이 힘든 육체노동 대부분을 흑인 노예가 담당하고 있었습니다. 그렇다 보니 남부는 당연히 노예제를 유지하려고 한 반면, 공업과 상업 중심인 북부에서는 노예제를 반대하는 목소리가 커졌습니다. 이렇게 미국은 노예 제도를 금지하는 자유주와 노예 제도를 허용하는 노예주로 나뉘었습니다.

처음에는 자유주와 노예주의 수가 11 대 11로 비슷했지만, 시간이 흘러 미합중국에 새로운 주가 가입하면서 마찰이 발생했죠. 새로 가입하는 주가 노예주가 될지 아니면 자유주가 될지를 놓고 양측 간에 갈등이 벌어졌습니다. 갈등이 심화되던 1860년, 노예제에 반대하는 에이브러햄 링컨이 대통령에 당선되었습니다. 링컨의 당선으로 불만이 폭발한 남부 주들은 연방에서 탈퇴하고 그들만의 나라를 세웠습니다. 이것이 4년간 이어질 남북전쟁의 시작이었죠.

전쟁을 시작할 당시에는 인구와 물자가 훨씬 많은 북부가 남부보다 더 유리했습니다. 하지만 남부에는 잘 훈련된 군인들이 있었고 명장인 로버트 리 장군이 군의 지휘를 맡았죠. 그래서 전쟁 초반에는 남부가 승기를 잡은 것처럼 보였습니다. 하지만 물량을 쏟아부은 북부가 점차 전쟁을 유리하게 끌고 갔죠.

결국 게티즈버그에서 결정적인 승리를 거둔 북부가 남부의 항복을 받아냈습니다. 그렇게 미국은 다시 하나가 되었고, 마침

미국의 남북전쟁은 노예 해방을 이끌었다.

내 노예제는 폐지되었죠. 미국 남북전쟁은 4년 동안 약 60만 명의 군인이 전사한 치열한 전쟁이었습니다. 전쟁을 승리로 이끈 링컨 대통령은 전쟁이 끝나고 얼마 되지 않아 노예제 지지자가 쏜 총에 맞아 암살되었죠. 계속된 혼란과 전쟁으로 미국은 폐허가 되었습니다. 미국의 민주주의도 실패한 것처럼 보였죠.

세계 경제의 중심지로 떠오르다

하지만 산업화라는 대반전이 기다리고 있었습니다. 남북전쟁이 끝나고 미국 사회는 빠른 속도로 산업혁명을 겪었습니다. 미국은 풍부한 천연자원을 갖고 있었고, 많은 이민자가 몰려들면서 노동력 공급에도 문제가 전혀 없었죠. 여기에 철도망 확장은 미국의 교통과 무역 여건을 180도 바꿔놓았습니다. 미국 전역이 철도망으로 연결되면서 운송료가 낮아졌고, 그 결과 급격한 산업화가 가능해진 것입니다. 게다가 토머스 에디슨이 전구, 축음기 등을 발명하면서 산업화를 더욱 촉진했습니다.

20세기로 넘어갈 즈음 미국은 세계의 공장으로 탈바꿈했습니다. 하지만 부작용이 없던 건 아니었죠. 록펠러와 카네기 같은 사업가들이 세운 대기업이 노동력을 착취했고, 독점을 통해 시장을 지배하다시피 했거든요. 그로 인해 빈부격차가 더욱 커지게 되었습니다.

1914년, 유럽에서 제1차 세계대전이 발발했습니다. 사라예보에서 오스트리아-헝가리 제국의 황태자 부부가 살해된 사건을 빌미로 오스트리아-헝가리 제국이 세르비아에 선전포고했습니다. 그러자 복잡한 동맹 관계로 얽힌 유럽의 많은 나라들이 줄줄이 전쟁에 휘말렸습니다. 전쟁은 영국, 프랑스, 러시아가 독일, 오스트리아, 오스만제국을 상대로 싸우는 양상으로 전개되었습니다. 미국의 윌슨 대통령은 중립을 선언하면서 전쟁에 관여하지 않겠다는 입장이었죠. 하지만 미국은 보이지 않게 영국과 프랑스 편을 들면서 양국에 막대한 물자를 제공했고, 이에 불만을 품은 독일이 미국의 상선을 공격해 침몰시키는 사건도 발생했습니다.

결국 1917년, 미국이 제1차 세계대전 참전을 선언했습니다. 미국의 참전으로 팽팽했던 힘의 균형은 순식간에 연합군 측으로 기울었죠. 다음 해인 1918년, 독일이 항복하면서 제1차 세계대전이 막을 내렸습니다. 이 전쟁으로 유럽은 초토화되었지만, 미국은 전쟁 특수로 유례없는 호황을 누렸습니다.

이때부터 미국은 유럽을 대신해 세계 경제의 중심지로 떠오르게 됩니다. 특히 1920년대 미국은 그야말로 번영의 시기였습니다. 도시 곳곳에 고층 건물이 들어섰고, 대중에게 자동차가 보급되었습니다. 그래서 흔히 미국의 1920년대를 '광란의 20년대'라고 부릅니다. 그런데 어느 날 갑자기 호황의 시대가 끝나버렸습니다. 1929년 10월 24일, 갑자기 주가가 대폭락한 것입니다.

이른바 '검은 목요일'로 알려진 이 사건은 이후 10년간 계속된 대공황의 시작이었습니다. 이전까지는 주가가 꾸준히 상승하고 있었기에, 많은 자본이 주식시장으로 몰렸습니다.

그런데 한순간에 주가가 폭락하자 많은 사람들이 큰 손해를 봤습니다. 시장에 돈이 돌지 않자 경기는 급격하게 침체되었고, 사업체들도 긴축 경영에 들어가 실업자가 늘어났죠. 급기야 대출금을 회수할 수 없게 된 은행들이 문을 닫기 시작했습니다. 대공황이 시작되고 얼마 후 수천 개의 은행이 문을 닫았다고 합니

대공황 초기 뱅크런이 있는 동안
뉴욕의 아메리칸 유니언 은행 앞에 모인 사람들의 모습.

다. 은행을 믿고 돈을 맡긴 사람들이 전 재산을 잃는 피해도 속출했죠.

1920년대가 광란의 시기였다면, 1930년대는 배고픔의 시기였습니다. 거리에는 굶어 죽은 사람들이 넘쳐났고 각종 경제 지표가 바닥을 찍었죠. 1933년에 당선된 루스벨트 대통령은 경제를 살리기 위해 정부가 직접 개입하는 '뉴딜 정책'을 펼쳤습니다. 뉴딜 정책은 효과가 있는 것처럼 보였지만, 시간이 흐르면서 점차 그 한계를 드러냈습니다. 미국에서 시작된 대공황은 전 세계로 퍼져서 비슷한 시기 유럽과 아시아도 경기 침체를 겪었습니다. 이 혼란을 틈타 독일에서는 히틀러가 정권을 잡았고, 일본에서도 군국주의 세력이 정권을 차지했습니다.

제2차 세계대전과 냉전 시대를 지나

1939년, 나치 독일이 폴란드를 침공하면서 제2차 세계대전이 발발했습니다. 6년간 이어진 전쟁으로 유럽은 또다시 초토화되었고, 수천만 명이 목숨을 잃었습니다. 미국은 중립을 유지했지만 제1차 세계대전 때와 마찬가지로 영국 편을 몰래 들었죠. 하지만 1941년, 일본의 폭격기가 하와이의 진주만을 기습하자 미국은 일본과 나치 독일을 향해 전쟁을 선포했습니다. 미국이 중심이 된 연합군은 노르망디 상륙을 감행해 전쟁에서 승리하기 위한 교두보를 마련했습니다. 연합군은 마침내 독일의 항복을 받아냈죠.

하지만 아직 일본이 남아있었습니다. 미국은 미드웨이 해전에서 승리하면서 승기를 잡았지만, 일본 본토를 공격하려면 큰 피해를 감수해야 했습니다. 그래서 미국은 일본 히로시마와 나가사키에 원자폭탄을 투하했습니다. 인류 최초로 핵무기가 사용된 것입니다. 그리고 1945년 8월 15일, 마침내 일본이 항복하면서 제2차 세계대전은 완전히 종결되었습니다.

전쟁이 끝나기 약 1년 전인 1944년, 미국은 브레턴우즈에서 44개의 동맹국 대표단의 회의를 소집했습니다. 이 회의에서 미국은 잿더미가 된 유럽을 재건하는 것에 합의했습니다. 그리고 그에 필요한 자금을 마련하는 과정에서 미국의 달러가 유일한 기축통화로 채택되었습니다. 이제 미국은 기축통화인 달러를 원하는 만큼 찍어낼 수 있게 되었고, 달러를 무기로 세계 경제를 좌지우지할 수 있는 엄청난 힘을 갖게 되었죠.

전쟁이 끝나자 세계는 미국과 소련의 양강 체제로 흘러갔습니다. '냉전'이라고도 불리는 이 양강 체제는 민주주의와 공산주의 간의 경쟁이기도 했습니다. 양국은 직접 전면전을 벌이지는 않았지만, 첩보전과 무기 경쟁, 대리전을 통해 서로 경쟁했습니다. 미소 냉전은 1950년 6·25전쟁과 1970년대 발생한 베트남 전쟁까지 이어졌습니다. 그런데 1991년, 소련이 갑작스럽게 해체되면서 냉전이 종식되었습니다. 이로써 미국은 세계 유일의 초강대국으로 올라서게 되었습니다.

2000년대로 접어들자 미국에게는 소련 대신 중국이라는 새로운 경쟁자가 등장했습니다. 중국은 엄청난 인구와 빠른 경제 성장으로 미국이 갖고 있던 세계의 공장 지위를 빼앗았습니다. 오늘날 미국이 중국의 도전에 어떻게 대처할지가 세계의 이목을 끌고 있습니다.

미국·중국

시나리오로 예측하는
초강대국의 미래

미국은 세계 국방비 순위 2위부터 10위까지의 금액을 모두 합친 것과 비슷한 수준인 엄청난 양의 예산을 국방비로 쏟아붓고 있습니다. 한 해 국방비가 무려 1,000조 원 정도여서 '천조국'이라는 별명이 생겼을 정도입니다. 그래서 대부분의 사람들은 미국과 중국이 전쟁을 하면 당연히 미국이 이길 거라고 예상하죠.

하지만 미국이 중국을 압도한다는 주장은 점점 힘을 잃고 있습니다. 오히려 지금 당장 양국이 싸운다면 미국이 패할 거라는 분석까지 나오고 있습니다. 2017년 미국의 국방 연구 기관인 랜

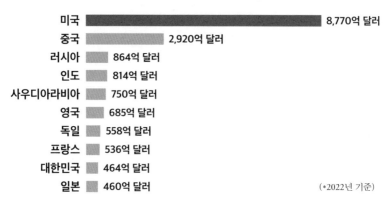

전 세계 주요 국가들의 국방비 지출액

미국	8,770억 달러
중국	2,920억 달러
러시아	864억 달러
인도	814억 달러
사우디아라비아	750억 달러
영국	685억 달러
독일	558억 달러
프랑스	536억 달러
대한민국	464억 달러
일본	460억 달러

(*2022년 기준)

드 연구소에서는 다음과 같은 결론을 내렸습니다.

"그럴듯한 가정하에 미군은 그들이 치르게 될 다음 전쟁에서 패배할 것이다."

실제로 미 국방부는 지난 10년 동안 미군과 중국군 간의 모의 전쟁인 워게임을 진행했는데 그 결과는 충격적이었습니다. 거의 모든 경우 미국이 패배한다고 나왔기 때문입니다. 미 국방부 관리였던 데이비드 오크매넥은 이 상황을 이렇게 요약했습니다.

"우리 군은 싸울 때마다 혼쭐이 났다. 큰 피해가 발생했고 보통은 적의 침략을 막는 데 실패했다. 사람들은 우리가 압도적인 군사력을 보유했다고 믿으며 이 점에 대해 어떠한 의심도 하지 않는다. 하지만 우리가 미국인들에게 그것이 사실이 아니라고 말하면, 그들은 충격에 빠질 것이다. 지금까지 한 번도 들어본 적이 없는 말이기 때문이다."

오크매넥이 말한 것처럼 미국이 질 거라는 분석은 쉽게 납득이 가지 않습니다. 그동안 우리는 미국의 군사력이 나머지 국가를 압도한다고 믿어왔기 때문입니다. 하지만 당사국인 미국은 오히려 상황을 비관적으로 바라보고 있습니다.

숫자로 보는 미국과 중국의 병력 차이

수치로만 따졌을 때 미군의 전력은 중국군과 비등하거나 약간 앞서는 것으로 나타납니다. 먼저 육군을 비교하자면 중국은 미국보다 더 많은 병력을 동원할 수 있습니다. 미군의 병력이 약 80만 명인 것에 비해 중국은 그보다 조금 더 많은 100만 명 정도의 병력을 유지하고 있습니다.

하지만 일단 전쟁이 터지면 5배나 많은 인구를 가진 중국이 현재보다 훨씬 더 많은 수의 병력을 전장에 투입할 수 있습니다. 반면에 미국은 모병제를 실시하고 있어서 곧바로 병력을 증원하는 데 어려움이 있습니다. 미국이 모병제를 버리고 징병제로 전환한다 해도 병사 수에서는 중국을 따라잡기 어려울 것입니다.

　무기나 장비에 있어서는 미국이 우위에 있습니다. 육군 병기로는 여러 가지가 있겠지만 가장 대표적인 병기로 전차를 꼽을 수 있습니다. 미국은 약 8,000대의 전차를 보유한 반면, 중국은 그보다 적은 약 6,500대 정도의 전차를 보유하고 있습니다. 게다가 에이브럼스 전차를 주력으로 한 미국 전차는 중국 전차의 성능을 훨씬 뛰어넘는다고 평가받고 있습니다. 하지만 중국과 미국 사이에는 바다가 가로막고 있어서 실제로 육군이 개입할 여지는 크지 않습니다. 만약 양군이 전쟁을 벌인다면 육군보다는 공군과 해군의 역할이 더 큰 비중을 차지할 것입니다.

　공군에 있어서는 미국이 수적으로나 질적으로나 우위에 있습니다. 미국은 약 5,000대가 넘는 기체를 보유한 반면, 중국은 그보다 적은 3,000대가량의 기체를 보유하고 있습니다. 게다가 F22와 F35와 같은 5세대 전투기로 대표되는 미 공군의 전력은 중국 공군을 압도합니다. 중국도 J20이라는 5세대 스텔스 전투기를 보유하고 있지만, 여러 가지 문제를 드러내면서 아직 F22에 비해 한참 뒤처진다는 평가를 받고 있습니다.

　또한 미군의 진정한 저력은 역시 해군에 있습니다. 중국이 가진 함정과 잠수함은 약 400척으로 미국이 가진 300척보다 약간 많습니다. 하지만 함정과 잠수함의 크기를 따지면 미국이 더 우세합니다. 미국의 함정은 중국의 함정에 비해 두 배 이상의 무게 차이가 납니다. 게다가 미국은 11척의 항공모함을 가진 반

아직까지는 미국의 F-22보다 뒤처진다는 평가를 받는 중국의 5세대 전투기 J-20.

면, 중국은 아직 걸음마 수준인 두 척의 항공모함만을 보유했을 뿐이죠. 항공모함 한 척은 웬만한 국가의 군사력에 필적하는 엄청난 전력을 자랑합니다. 그런데 미국은 그런 항공모함을 무려 11척이나 보유한 것입니다. 결국 미국은 해군 전력에서도 중국에 앞선다고 할 수 있습니다.

　여기까지만 보면 미군이 여전히 우위에 있는 것으로 보입니다. 그런데도 미국이 불리하다고 평가받는 이유는 단순히 수치로만 봤을 때는 드러나지 않습니다. 그 이유를 알아보기에 앞서 양국이 걸어온 역사적 배경을 살펴봐야 합니다.

미국이 중국의 경제성장을 도운 이유

수천 년간 중국은 스스로 세계의 중심이라 생각하면서 나머지 국가는 조공을 바치는 열등한 존재로 간주했습니다. 그런 중국이 1839년 아편전쟁 후 100년간 일본과 서양 열강의 침략을 받게 됩니다. 중국은 이 시기를 '치욕의 세기'라고 부릅니다. 과거의 굴욕을 잊지 않고 다시 세계의 중심 국가로 돌아가자는 의미에서 이 시기를 강조하죠. 특히 중국 정부는 중국의 민족주의를 자극하고, 공산당이 하는 일을 정당화하는 명분으로 치욕의 세기를 내세웁니다.

이 개념은 중국을 피해자로 설정하고 있기 때문에 다른 국가에 대한 복수심을 유도하기도 합니다. 가끔 국제 무대에서 중국이 공격적으로 행동하는 이유도 이 때문입니다. 하지만 공산당이 집권한 이후에도 중국은 오랫동안 힘을 쓰지 못했습니다. 경제성장에 실패한 데다 외교적으로도 고립되었기 때문이죠. 그리고 중국이 한국전쟁에 개입하면서 미국과의 관계는 악화일로를 달렸습니다.

같은 공산주의 국가였던 소련과의 관계도 마냥 순탄치 않았습니다. 마오쩌둥은 스탈린이 자신을 아랫사람처럼 대한다고 생각했고, 소련의 소극적인 지원에도 불만을 품었습니다. 급기야 1964년에 발생한 영토 분쟁을 계기로 중국과 소련은 외교 관계를 단절하기도 했습니다. 소련과의 관계마저 악화되자 중국은

베이징 국제공항에서 저우언라이 중국 총리와
악수하고 있는 미국의 닉슨 대통령.

점점 고립되어 갔습니다.

이때 중국에 손길을 내민 나라가 미국이었어요. 1972년 당시 미국 대통령이었던 닉슨은 전격적으로 중국을 방문해 미국이 중국과 대만 간의 문제에 개입하지 않겠다는 상하이 공동성명을 발표했습니다. 그리고 7년 후 미국과 중국은 수교를 맺음으로써 양국 관계가 정상화되었죠.

미국이 중국과의 관계 개선에 나선 가장 큰 이유는 소련을 견제하기 위해서였습니다. 미국은 중국을 자본주의 세계 경제에 편입시킴으로써 경제성장을 도우려고 했습니다. 그러면 현대화를 이룬 중국이 소련을 멀리하고 미국에 의존할 거라는 계산이었죠. 미국의 이러한 시도는 '개입 정책'이라고 불렸는데, 이후 40년간 미국은 중국을 상대할 때 이 정책을 고수했습니다.

하지만 시간이 흐르면서 중국을 변화시킬 수 있다는 생각은 단지 환상에 불과하다는 사실이 드러났습니다. 중국은 경제성장을 위해 미국을 철저히 이용했을 뿐 내적으로는 크게 바뀐 것이 없었죠. 여전히 공산주의를 포기하지 않았고 미국을 적대시했습니다. 미국은 중국의 현대화를 도왔지만, 중국을 자유화하려던 계획에는 실패한 것입니다. 오히려 미국은 소련을 능가하는 적을 자기 손으로 키운 셈이죠.

적수가 없어진 미국의 방심

양국의 갈등이 본격화된 계기는 대만해협 위기였습니다. 1995년, 리덩후이 총통이 대만의 독립을 주장하자 중국은 대만 연안에서 여러 발의 미사일을 발사하는 등 대규모 군사훈련을 실시했습니다. 그러자 미국은 두 척의 항공모함을 대만해협에 파견해 중국이 대만을 공격하는 걸 좌시하지 않겠다는 뜻을 내비쳤습니다.

미국이 개입하자 중국은 불편한 심기를 드러냈지만, 당시만 하더라도 중국은 미국의 상대가 되지 않았습니다. 결국 중국군이 물러남으로써 상황은 종료되었습니다. 미국의 막강한 군사력에 속수무책이던 중국은 다시 한번 치욕의 세기를 떠올렸습니다. 결국 이 사건은 군사력이 얼마나 중요한지를 상기시켰고, 이때를 계기로 중국은 본격적으로 군사력 강화에 힘을 쓰게 됩니다.

한편 비슷한 시기 미국에서는 향후 군사정책을 결정짓게 될 두 가지 중대한 사건이 발생했습니다. 첫 번째 사건은 1991년에 벌어진 제1차 이라크 전쟁이었습니다. 이 전쟁에서 미국은 이라크에 일방적인 승리를 거뒀습니다. 미국은 최신 무기를 총동원해 단기간에 전쟁을 승리로 이끌었죠. 이 전쟁으로 미국은 강력한 힘을 전 세계에 과시할 수 있었고, 최강대국으로서의 입지를 굳혔습니다. 하지만 어떤 면에서 이 전쟁은 미국에 독이 되었습니다. 실질적인 위협이 없는 상황에서 미국이 안주하기 시작한 것이죠.

이대로도 괜찮다는 인식은 곧 국방비 예산 삭감으로 이어졌습니다. 예산이 줄어들자 군사 분야의 혁신은 줄어들고 현 상태

차세대 무기 개발과 유지 보수 비교

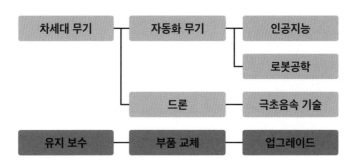

를 유지하는 것에 예산이 집중되기 시작했습니다. 다시 말해 새로운 군사기술과 차세대 무기를 개발하는 대신, 기존의 무기 체계를 유지하는 방향으로 예산을 쓴 것입니다.

이라크 전쟁은 또한 미국의 전력을 노출하는 결과를 낳았습니다. 특히 오랫동안 미국의 힘을 경계한 중국은 미군의 약점을 연구했고, 그 결과 '비대칭 전력'에 주목하기 시작했습니다. 비대칭 전력은 일반적인 재래식 무기와는 다르게 소량으로도 상대방의 전력을 무력화시킬 수 있는 전력을 말합니다.

비대칭 전력의 단적인 예로는 항공모함 킬러로 알려진 '둥펑-21 미사일'이 있습니다. 중국이 개발한 이 미사일은 최대 마하 10의 속도를 자랑하는 극초음속 미사일입니다. 미국은 아직 극초음속 미사일에 대응할 수단이 없다고 알려졌기 때문에 이 미사일을 어떻게 막아낼지는 미지수입니다. 항공모함 한 척이 무려 130억 달러지만, 미사일 하나는 약 1,000만 달러에 불과합니다.

만에 하나 이 미사일로 항공모함을 격침한다면 중국은 굉장히 비용을 적게 쓰는 효율적인 방법으로 미국에 엄청난 타격을 줄 수 있습니다. 그렇게 된다면 미국이 설령 수십 대의 항공모함을 보유했다고 하더라도 아무 상관이 없게 됩니다. 미군이 비싸고 몸집이 큰 무기를 고집할 때, 중국이 저렴하고 목표 지향적인 무기 개발에 집중하는 이유입니다.

그렇다고 미국이 군사 분야의 혁신을 완전히 등한시한 건 아닙니다. 2001년 국방부 장관에 취임한 도널드 럼즈펠드는 첨단 기술로 군을 무장시키길 원했고, 조금 더 효율적인 군대를 만들기 위한 계획을 추진했습니다. 그런데 그때 아무도 예상치 못한 사건이 발생했습니다. 바로 9.11 테러였습니다. 이 사건은 이라크 전쟁에 이어 군사정책의 향방을 결정지은 중대한 사건이었습니다. 9.11 테러로 미국 정부의 우선순위는 대테러 임무에 맞춰졌고, 군사 개혁은 뒷전으로 밀리게 되었습니다.

중국으로 유출되는 미국의 군사 기술

미군의 문제는 이뿐만이 아니었습니다. 방위산업체와의 관계에 문제가 생겼죠. 실리콘밸리의 방위산업체는 오랫동안 국방부와 긴밀한 관계를 유지하면서 미국의 군사기술 발전에 크게 기여했습니다. 하지만 예산이 삭감되자 수많은 방위산업체가 문을 닫아야 했습니다. 냉전이 끝났을 때 있었던 100여 개의 방위산업체 중에서 살아남은 곳은 5개에 불과했습니다.

그래서 이들은 새로운 걸 개발하기보다는 기존의 군사 장비를 약간 개선하거나 유지하는 데 집중하게 됩니다. 가끔 방위산업체가 신무기 개발 프로젝트를 진행하는 경우가 있었지만, 많은 경우 예산 부족을 이유로 취소되기 일쑤였습니다. 한때 미군의 미래를 책임질 것처럼 보였던 줌왈트급 구축함과 레일건도 실효성과 비용 문제로 흐지부지되었죠.

또 다른 문제는 국방부의 관료화였습니다. 초기의 국방부는 방위산업체에 자율성을 보장했지만, 국방부가 점차 관료화되면서 개발 과정에서 점점 더 불필요한 규정과 요구사항이 따라붙었습니다. 이 같은 이유로 방위산업체의 연구개발이 크게 위축되자, 이들은 국방부와 함께 일하는 대신 민간 시장으로 눈을 돌렸습니다. 그 결과 한때 최첨단 기술의 중심이던 미군의 장비는 점점 낙후되기 시작했죠. 반면 실리콘밸리의 기업들은 국방부에 협력하길 주저하면서 더 많은 돈이 되는 민간 시장에 기술을 제공하게 됩니다.

민간 시장에 제품과 기술이 풀린다는 건 중국이나 다른 국가들도 그 기술을 습득할 수 있다는 것을 의미합니다. 중국과의 합작 투자에 참여한 많은 미국 기업이 암암리에 그들의 지적재

세계 100대 방산기업 순위와 매출액

순위	국가	기업	매출액(달러)
1위	미국	록히드 마틴	644억
2위	미국	레이시온	418억
3위	미국	보잉	350억
4위	미국	노스롭 그루먼	314억
5위	미국	제너럴 다이내믹스	308억
6위	중국	항공공업집단공사	301억
7위	영국	BAE 시스템즈	257억
8위	중국	국영조선회사	185억
9위	중국	북방공업그룹	177억
10위	미국	L3해리스 테크놀로지스	149억

(*2022년 기준)

산을 중국에 넘겼습니다. 미국은 중국이 지난 25년간 수많은 미국 군사기술을 훔쳤고, 그 배후에 중국 정부가 있다고 보고 있습니다. 미국 사이버 사령부에 따르면 미국은 산업스파이로 매년 약 2,500억 달러의 손해를 보고 있다고 하는데, 대부분이 중국에 의한 거라고 합니다. 미국의 기술이 중국에 유출되었다고 의심되는 예로 중국의 CH-4B 무인기와 J-20 전투기를 들 수 있습니다. CH-4B 무인기는 미국의 프레데터와 유사하고, J-20은 미국의 F-35와 흡사하다는 평입니다.

이 덕분에 중국은 연구 개발에 필요한 시간과 노력을 크게 아낄 수 있었고, 미국과의 기술 격차를 단숨에 줄일 수 있었죠. 이라크 전쟁과 9.11 테러로 미군이 방심한 사이에 중국군은 엄청난 성장을 이루었습니다. 중국군 예산은 지난 30년간 10배 가까이 증가했고 앞으로도 더 많은 예산이 투입될 계획입니다. 또한 중국은 미국의 약점을 파고들 목적으로 이 예산을 영리하게 쓰고 있습니다. 중국은 비대칭 전력뿐만 아니라 인공지능과 로봇공학 같은 미래 첨단 기술에서도 미국을 추월하기 위해 노력하고 있습니다.

그중 가장 대표적인 무기가 앞에서도 언급한 극초음속 무기입니다. 극초음속 무기는 마하 5 이상의 속도를 내는 무기로 현재 이 분야의 선두 국가는 러시아와 중국입니다. 그 정도 속도면 미국뿐 아니라 세계 어느 곳이든 한 시간 내에 타격할 수 있습니다. 극초음속 무기가 게임 체인저라는 소리를 듣는 이유는 그

것이 빠르면서도 어디로 날아올지 예측하기 어렵기 때문입니다.

예를 들어, 러시아의 아방가르드 미사일은 마하 20의 속도로 비행하면서 중간에 방향을 수정할 수도 있습니다. 중국의 극초음속 미사일은 그보다는 느리지만 마찬가지로 궤도 수정이 가능합니다. 현재 미국의 미사일 방어 시스템으로는 극초음속 미사일을 막아낼 수 없다고 합니다. 극초음속 무기 개발에 있어서는 미국이 중국과 러시아를 따라잡아야 하는 상황입니다.

남중국해를 차지하려는 중국의 계획

미국과 중국의 군사 경쟁은 우주에서도 펼쳐지고 있습니다. 미국은 독보적인 기술을 앞세워 수많은 정찰 위성들을 우주에 쏘아 올렸습니다. 정찰 위성은 적의 움직임을 미리 파악하는 눈의 역할을 하기 때문에 중국 입장에서는 성가실 수밖에 없습니다. 이에 중국은 미국의 위성을 무력화시키기 위한 여러 방책을 내놓았습니다.

2007년 중국이 미사일을 발사해 자국의 기상위성을 격추하는 일이 있었습니다. 수백 킬로미터 상공에 있는 위성을 미사일로 요격한 건 처음이었기 때문에 미국을 비롯한 전 세계가 깜짝 놀란 사건이었습니다. 또 중국은 2021년에 로봇 팔이 달린 인공위성인 '쉬지안 21'을 우주로 발사했습니다. 중국은 이 로봇 팔이 우주 파편을 청소하기 위해서라고 밝혔지만, 실제 목적은 미국의 위성을 파괴하는 거라는 의심을 사고 있죠. 여기에 더해서 중국은 레이저를 발사해 미국 정찰위성에 장애를 일으키는 실험을 하기도 했습니다. 이처럼 중국은 우주에서도 미국과의 전쟁에 대비하고 있습니다.

중국은 이 밖에도 여러 기술 분야에서 미국과의 격차를 줄이고 있습니다. 중국이 공을 들이는 첨단 기술로는 무인기와 드론이 있습니다. 중국은 드론 시장의 80퍼센트를 차지하고 있을 정도로 상당한 수준의 기술을 자랑합니다. 드론은 장기적으로 인간과 전투기를 대체할 큰 잠재력이 있습니다. 그리고 만약 드론에 인공지능과 자동화 무기가 더해진다면 그 위력이 어떨지 쉽게 상상이 가지 않습니다.

또한 중국은 미국과의 전쟁을 대비해 '반접근지역거부A2AD'라는 전략을 세웠습니다. 쉽게 말해 미 해군이 중국 가까이 접근하는 걸 최대한 막는다는 개념입니다. 최근 들어 중국 해군이 급성장한 건 사실이지만 아직 미 해군을 상대하기에는 역부족입니다. 그래서 중국은 해군끼리 정면승부를 벌이기보다는 미 해군의 접근을 차단하는 전략을 택한 거죠.

미군의 접근을 막기 위한 주된 무기로는 군함을 타깃으로 한 대함 탄도미사일이 있습니다. 중국은 수많은 미사일을 쏘아대면서 미군의 접근을 어렵게 할 것이고, 그 와중에 위성 요격미사일이나 레이저를 쏴 미국의 위성 감시 시스템을 마비시키려고 할 것입니다. 그러면 미 해군은 중국 해군뿐 아니라 지상 전력과도 싸워야 하는 어려운 입장에 처하겠죠.

만약 미 해군의 접근을 막아낸다면 중국은 다음 단계로 대만을 포함한 동아시아 주변 지역을 장악하려고 할 것입니다. 그렇게 계속해서 미군의 개입을 막아냄으로써 그 지역의 지배권을 기정사실화하는 것이 반접근지역거부의 최종 목적입니다. 다시 말해 미국과의 전면전을 최대한 피하면서 동아시아 지배권이라는 실리를 챙기겠다는 것이죠. 최근 논란이 되는 남중국해 사건도 반접근지역거부 전략의 연장선이라고 볼 수 있습니다.

중국은 오랫동안 남중국해의 영유권을 주장했습니다. 급기야 2014년, 중국은 이곳을 무단 점거해 7개의 인공 섬을 건설했습니다. 중국이 인공 섬에 활주로와 미사일 기지 등을 건설하면서 이곳을 군사화할 의도를 드러내자 주변국들은 반발하고 나섰습니다. 2016년, 유엔 해양법 재판소는 중국의 남중국해 영유권 주장이 근거 없다는 판결을 내렸습니다. 하지만 중국은 이를 무시하고 남중국해를 점거하고 있습니다. 이 상황이 고착돼 기정사실이 되길 기다리는 거죠.

남중국해는 전 세계 물동량의 3분의 1 정도가 통과하는 곳으로 만약 중국이 이곳을 통제하게 되면 세계 경제에 큰 타격을 줄 수 있습니다. 게다가 이곳은 전략적으로도 매우 중요한 곳입니다. 미국은 이곳에 함대를 파견하는 등 여러 차례 불편한 심기를 드러냈지만, 섣부르게 군사 활동에 나서지는 못하고 있습니다.

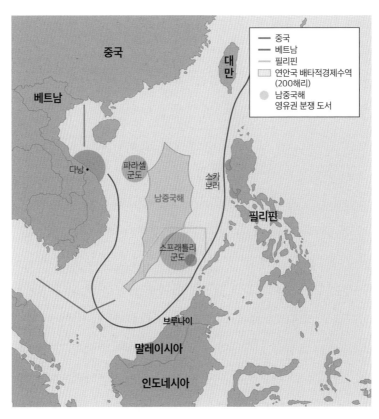

남중국해는 패권국가인 미국과 중국이 첨예하게 대립하고 있다.
남중국해 영유권 분쟁의 기원은 역사적인 이유뿐만 아니라 지정학과도 관련이 깊다.

미·중 전쟁이 벌어지면 어떤 일이 생길까?

지금까지의 정보를 종합해, 전쟁이 벌어질 경우 중국의 전략을 가정하면 이렇습니다. 분쟁이 발생하면 중국은 먼저 한국과 일본 그리고 괌에 흩어진 미군 기지를 선제공격할 것으로 보입니다. 미군 시설 중에서도 사드와 같은 미사일 방어 시스템이 첫 번째 목표가 될 겁니다. 여기에는 막기 까다로운 극초음속 미사일이 쓰일 가능성이 높습니다. 극초음속 미사일은 비싸서 항공모함이나 미사일 기지처럼 꼭 필요한 대상을 공격하는 데 주로 쓰일 것으로 보입니다. 일단 미사일 방어 시스템이 제거되면 일반적인 미사일 공격으로도 큰 피해를 줄 수 있기 때문입니다.

전쟁이 시작될 때 미국의 함대와 전투기 대부분은 전장에서 멀리 떨어져 있어서 분쟁 지역에 도착하려면 꽤 오랜 시간이 걸립니다. 중국은 이때를 노려 아시아의 미군 기지에 최대한 많은 피해를 주려 할 것입니다. 미 해군이 도착한다 해도 상황이 나아질 거라는 보장은 없습니다. 미군 항공모함은 중국의 장거리 대함미사일의 공격을 받을 것이고, 미 함대가 접근하면 할수록 더 격렬한 공격을 받을 테니까요. 미국도 미사일을 잡아낼 방어 체계를 구축하고는 있지만 중국 미사일 성능이 나날이 향상되고 있는 상황에서 미군의 방어 체계가 실전에서 얼마나 효과가 있을지는 미지수입니다.

미군이 전투기를 출격시켜 중국의 미사일 기지를 공격하려 해도 어려움이 있습니다. 항공모함이 중국에서 멀리 떨어져 있어서 공중 급유기 없이는 전투기가 목표물에 도달할 수 없기 때문이죠. 하지만 공중 급유기는 스텔스 기능이나 자기방어 능력이 없기 때문에 격추될 가능성이 높습니다. 그렇게 되면 미국이 보유한 최첨단 전투기는 아무런 쓸모가 없어집니다.

중국은 남중국해에서 그랬던 것처럼 동아시아의 지배권이 고착돼 기정사실이 되길 기다리면 됩니다. 존스홉킨스대학교의 오트 교수는 중국이 서태평양을 차지했을 때 벌어질 상황에 대해 이렇게 말했습니다.

"미국의 신뢰성이 무너지면서 세계는 새로운 시대로 진입할 것이다. 동남아시아는 중국에 굴복할 것이며 호주는 고립되어 미래가 불확실해질 것이다. 또한 한국과 일본은 경제 생명선인 해상 교통로를 중국에 통제당하는 상황에 처할 것이다."

그렇다고 미국이 중국과 전면전을 벌이기에는 부담이 있습니다. 이미 미국 전역이 중국의 핵무기 사정권에 있는 데다 미사일 경쟁에서도 뒤처졌기 때문입니다. 아무리 미국이라 해도 전쟁 또는 타협의 갈림길에 섰을 때 전쟁을 선택하기란 쉬운 일이 아닙니다. 그 결과 대만해협이나 남중국해에서 전쟁이 발생하면 미국에 불리하다는 분석이 나오고 있습니다. 2019년 〈뉴욕타임스〉의 니콜라스 크리스토프에 따르면, 미국은 중국과의 모의 전쟁인 워게임을 18번 실시했는데, 18번 모두 중국이 승리했다고 합니다.

미국 입장에서 최악의 시나리오는 러시아와 중국을 동시에 상대해야 하는 상황입니다. 미국으로서는 상상하기 싫겠지만,

러시아가 도발적으로 군사 활동에 나선 요즘 충분히 가능성이 있는 이야기입니다. 2018년 사망한 존 매케인 전 상원 의원은 이 상황을 우려하면서 이렇게 말했습니다.

"우리는 더 이상 압도적인 힘의 우위를 누리지 못한다. 중국을 비롯한 미국의 강력한 경쟁국들이 군을 현대화함으로써 미국의 군사적 우위를 급격히 잠식했기 때문이다. 우리가 언제 어디서나 원하는 대로 할 수 있는 시대는 끝났다. 이제 우리는 선택하고 우선순위를 정해야 한다."

그렇다고 미국에 희망이 없는 건 아닙니다. 재래식 무기로만 봤을 때 미국은 여전히 압도적인 우위에 있으며 기술력에서도 아직은 미국이 앞선다고 볼 수 있습니다. 중국이 미국의 약점을 노려 비대칭 전력에 집중한 만큼, 미국도 충분히 중국의 전력을 무력화시킬 저력이 남아있습니다. 최근 들어 미국도 중국군의 급성장을 주목하면서 적극적으로 군사력 증강에 힘쓰고 있습니다.

미국의 또 다른 장점은 수많은 동맹국이 있다는 것입니다. 비록 러시아나 이란 정도가 중국을 도울 것으로 보이지만 전쟁이 일어나면 대다수의 나라는 미국의 편을 들 겁니다. 아무래도 미국이 주도하는 세계 질서가 중국이 패권을 잡았을 때보다는 훨씬 더 매력적으로 보이기 때문입니다. 하지만 미국이 방심한

다면 어느새 주도권을 중국에 빼앗길 수도 있습니다.

　누군가는 중국의 군사력이 필요 이상으로 과대평가 되었다고 생각할 수도 있습니다. 하지만 국방에 있어서 낙관론은 도움이 되지 않습니다. 오히려 최악의 상황을 가정하는 게 전쟁을 예방하고 나아가 전쟁을 승리로 이끈다는 사실을 역사는 끊임없이 증명해왔으니까요.

미국의 남북전쟁

워싱턴

다코타

오리건

네브래스카

네바다

유타

콜로라도

캔자스

캘리포니아

뉴멕시코

오클라호마

택사스

태평양

멕시코

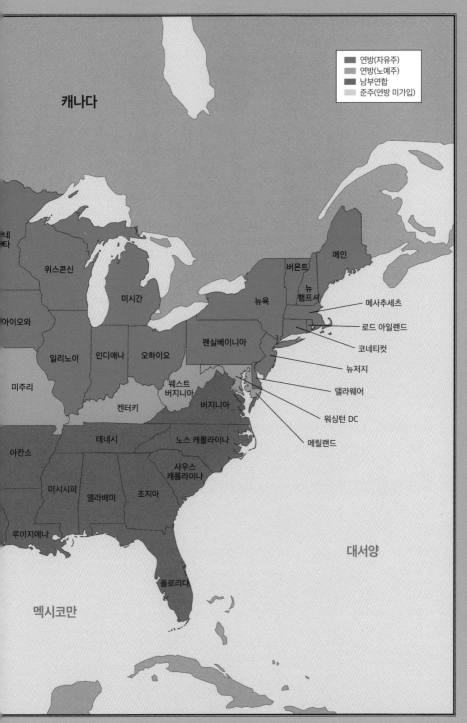

캐나다

연방(자유주)
연방(노예주)
남부연합
준주(연방 미가입)

위스콘신

미시간

아이오와

일리노이   인디애나   오하이오

미주리

켄터키

아칸소

테네시

미시시피   앨라배마   조지아

루이지애나

버몬트   메인

뉴욕   뉴
햄프셔

펜실베이니아

웨스트
버지니아   버지니아

노스 캐롤라이나

사우스
캐롤라이나

플로리다

메사추세츠

로드 아일랜드

코네티컷

뉴저지

델라웨어

워싱턴 DC

메릴랜드

멕시코만

대서양

(*1861년 기준)

참고 문헌

고이즈미 유, 《우크라이나 전쟁의 해부》, 허클베리북스, 2023

구성희, 《한국인이 좋아하는 중국고대사》, 민속원, 2021

김봉중, 《요즘 어른을 위한 최소한의 전쟁사》, 빅피시, 2024

김용만, 《새로 쓰는 연개소문전》, 바다출판사, 2003

김재명, 《눈물의 땅, 팔레스타인》, 미지북스, 2019

김진경, 《고대 그리스의 영광과 몰락》, 안티쿠스, 2009

공원국, 《춘추전국이야기 1》, 위즈덤하우스, 2010

남문희, 《전쟁의 역사 1, 2》, 휴머니스트, 2011

니콜라스 V. 랴자놉스키·마크 D. 스타인버그, 《러시아의 역사》, 까치, 2011

라시드 할리디, 《팔레스타인 100년 전쟁》, 열린책들, 2021

마르코 폴로, 《마르코 폴로의 동방견문록》, 사계절, 2000

박훈, 《메이지유신을 설계한 최후의 사무라이들》, 21세기북스, 2020

박희봉, 《교과서가 말하지 않은 임진왜란 이야기》, 논형, 2014

배리 스트라우스, 《로마 황제 열전》, 까치, 2021

손기화, 《팔레스타인과 이스라엘의 분쟁》, 주니어김영사, 2018

시오노 나나미, 《로마인 이야기 2》, 한길사, 1995

아놀드 J. 토인비, 《토인비의 전쟁과 문명》, 까치, 2020

올랜도 파이지스, 《러시아, 그 역사와 진실》, 커넥팅, 2023

유성룡, 《교감·해설 징비록》, 아카넷, 2013

유용원, 《미중 패권경쟁과 한국의 생존전략》, 플래닛미디어, 2021

유용원, 《유용원의 밀리터리 시크릿》, 플래닛미디어, 2020

윤인식, 《역사추적 임진왜란》, 북랩, 2013

이원복, 《먼나라 이웃나라 11: 미국2-역사 편》, 김영사, 2024

이원복,《먼나라 이웃나라 21: 러시아1-전근대 편》, 김영사, 2024

이익선,《만화 로마사 1, 2》, 알프레드, 2017

장철환,《중국 고대사》, 북랩, 2017

전국역사교사모임,《처음 읽는 미국사》, 휴머니스트, 2018

정호섭,《미·중 패권경쟁과 해군력》, 박영사, 2021

조르주 루,《메소포타미아의 역사 2》, 한국문화사, 2013

토마스 R. 마틴,《고대 로마사》, 책과함께, 2015

토머스 R. 마틴,《고대 그리스사》, 책과함께, 2015

플루타르코스,《플루타르코스 영웅전 전집 1, 2》, 현대지성, 2016

피터 자이한,《각자도생의 세계와 지정학》, 김앤김북스, 2021

헤로도토스,《역사》, 동서문화사, 2016

Christian Brose,《킬 체인》, 박영사, 2022

McIntosh, Jane R.,《Mesopotamia and the Rise of Civilization》, ABC-CLIO, 2017

Williams, Henry Smith,《The Historians' History of the World》, Arkose Press, 2015

이미지 출처

p.15 빈센트 반 고흐, 〈피에타(들라크루아를 따라서)〉, 캔버스에 유채, 60×73cm, 네덜란드 빈센트 반 고흐 미술관, 1889년

p.23 도메니코 티에폴로, 〈트로이로 들어가는 목마〉, 캔버스에 유채, 39×67cm, 영국 내셔널 갤러리, 1773년

p.29 페테르 파울 루벤스, 〈솔로몬의 심판〉, 캔버스에 유채, 303×234cm, 덴마크 국립미술관, 1617년경

p.33 페테르 파울 루벤스, 〈로물루스와 레무스〉, 캔버스에 유채, 210×212cm, 이탈리아 카피톨리노 박물관, 1615~1616년

p.37 작자 미상, 〈석가탄생도〉, 일본 혼가쿠지, 1600년대 추정

p.42 샤를 르 브룅, 〈알렉산드로스대왕의 바빌론 입성〉, 캔버스에 유채, 1264×470cm, 프랑스 루브르 박물관, 1673년

p.51 마르크 샤갈 〈하얀 십자가〉 캔버스에 유채, 140×154.62cm, 미국 시카고 미술관, 1938년

p.55 장 오귀스트 도미니크 앵그르, 〈샤를 7세 대관식의 잔 다르크〉, 캔버스에 유채, 178×240cm, 프랑스 루브르 박물관, 1854년

p.69 에밀 시뇰, 〈십자군의 예루살렘 정복〉, 캔버스에 유채, 1847년

p.75 아놀드 뵈클린, 〈페스트〉, 목판에 템페라, 105.1×149.8cm, 스위스 바젤 미술관, 1898년

p.80 파울 투만, 〈교황의 교서를 불태우는 루터〉, 캔버스에 유채, 독일 바르트부르크성 박물관, 1872년

p.81 외젠 들라쿠르아, 〈민중을 이끄는 자유의 여신〉, 325×260cm, 프랑스 루브르 박물관, 1830년

p.83 아뇰로 브론치노, 〈단테의 은유적 초상〉, 130×136cm, 1532년

p.85 산드로 보티첼리, 〈비너스의 탄생〉, 캔버스에 템페라, 278×172cm, 이탈리아 우피치 미술관, 1485년

p.91 〈콘스탄티노플 공방전의 마지막 날〉, 튀르키예 파노라마 1453 역사 박물관

p.95 페르디난트 포웰스, 〈95개조 반박문을 못박고 있는 루터〉, 독일 그라츠 역사 박물관, 1872년

p.101 에어트 안토니슨, 〈스페인 카디즈항의 전투〉, 네덜란드 암스테르담 국립미술관, 1608년

p.109 앙리 엠마뉘엘 펠릭스 필리포토, 〈파리 시청 앞 붉은 깃발〉, 캔버스에 유채, 프랑스 보자르 미술관, 1848년

p.117 우타카와 요시토라, 〈기차〉, 73×35.8cm, 미국 스미스소니언 국립자연사 박물관, 1870년

p.165 자크 루이 다비드, 〈사비니 여인의 중재〉, 캔버스에 유채, 522×385cm, 프랑스 루브르 박물관, 1799년

p.177 빈첸초 카무니치, 〈카이사르의 죽음〉, 캔버스에 유채, 195×112cm, 이탈리아 로마 국립현대 미술관, 1806년

p.190 루이스 라구에르, 〈알프스 산맥을 넘는 한니발〉, 영국 버글리하우스, 1697년

p.296 존 개즈비 채프먼, 〈포카혼타스의 세례〉, 캔버스에 유채, 미국 국회의사당, 1840년

p.302 존 트럼불, 〈부르고인 장군의 항복〉, 캔버스에 유채, 미국 국회의사당, 1821년

그 외의 본문 이미지 ©wikipedia

세계사 익스프레스

초판 1쇄 인쇄 2025년 2월 19일
초판 1쇄 발행 2025년 2월 26일

지은이 김영석(써에이스쇼)
펴낸이 이경희

펴낸곳 빅피시
출판등록 2021년 4월 6일 제2021-000115호
주소 서울시 마포구 월드컵북로 402, KGIT 19층 1906호

ⓒ 김영석, 2025
ISBN 979-11-94033-50-9 03900